日経文庫
NIKKEI BUNKO

言いづらいことの伝え方

本間正人

日本経済新聞出版社

はじめに

社会で成功する鍵はコミュニケーション能力。

本書を手にとった方の中にも、コミュニケーションのとり方で悩んでいる人が多いのではないでしょうか？

しかし「ジス・イズ・ア・ペン」と言う時に、発音の上手い、下手はあったとしても、どう伝えようかと悩む人はいません。つまり、単純な事実関係を述べるのであれば、誰も迷ったり、困ったりしないのです。

悩みの原因になるのは、「言いづらいことをどう伝えるか」につきるのではないでしょうか？

「人の気持ち」というデリケートな要素がからみ、その巧拙がその後の人間関係に大きな影響を与えるような場合に、コミュニケーションの難度が高くなるのです。

そして、一口に「言いづらいこと」と言っても、さまざまな状況が考えられます。

本書では、ビジネスの現場で、お詫びしたり、なぐさめたり、励ましたり、注意したり、多くのビジネスパーソンが日々遭遇し、「さて、どうしたものか？」と戸惑うようなシチュエーションを設定し、すぐに役立つフレーズを紹介しています。

ご自身と相手の性格やこれまでの経緯などにより、若干の微調整は必要だと思いますが、「お、これは使える」と感じていただけるのではないかと思います。

また、つい口にしてしまいがちだけれども避けるべき言い方についても、どこが良くないのかの理由とともに紹介しました。

私のライフワークは、教育学を超える「学習学」を構築することです。「人間は学ぶ存在である」という人間観に立って、誰もが様々な学びを通じて、自分らしく輝いていくことができると考えています。

教科書に正解が書いてあるわけではありません。自分自身でいろいろ試行錯誤する体験の中から、自分なりの答えを見つけていくところにその醍醐味があります。そして、人間関係のベースとなるコミュニケーションのとり方は、まさに学習学が最も活きる分野だと考えています。

本書の中には、まだ、あなたが遭遇したことのないシチュエーションが出てくるかも知れません。「こんな状況に出逢いたくない」と思う気持ちもよくわかります。しかし本書では、誰にも起こりうるケースを厳選して取り上げています。

「転ばぬ先の杖」と言いますが、いろいろな事態に備えて、心の準備をしておくことをおすすめします。

読んで終わり、ではなく、実際に活用していただいた時に、この本の真価があらわれると信じています。「読んでおいてよかった」と感じていただけるはず。きっと役に立ちますよ。

本書の上梓にあたっては、日本経済新聞出版社経済出版部日経文庫編集長の平井修一さん、また、高木繁伸さん、高萩登志子さん、イラストレーターの山口絵美さんにご尽力いただきました。心から深く感謝します。

２０１４年８月

本間　正人

言いづらいことの伝え方――目次

第3章 相手の心に寄りそう「なぐさめ方」 75

第4章　ミスを伝える、頼み事をする　97

イラスト　山口絵美（asterisk-agency）

第1章

「お詫び」の気持ちを伝える

相手の気持ちを第一に

コーチングの世界では、「他人と過去は変えられない」といいます。

人間には自由意思があり、それをコントロールすることは、一時的にはできたとしても、長続きさせることはできません。もしできたとしたら、それは相手の自由意思を無視した不健全な関係といえます。

過去に関していえば、タイムマシンに乗って過去に行き、すでに起きてしまったことを起こらないようにするのも不可能です。かといって、「私が悪うございました！」と開きなおるのも、適切な態度ではありません。

そこで「お詫びをする」というコミュニケーションが発生します。

お詫びをするときに、第一に考えなければいけないのは、何らかの迷惑をかけた相手、その事実によってつらい思いや悲しい思いをしている人、マイナスの影響を受けた人、そういった人たちの気持ちを最大限に汲むことです。

あなたのミスで取引先に迷惑をかけたのであれば、あなたのなかにはミスをしてしまったことに対する悔い、恥ずかしさ、罪悪感などがあるでしょう。それゆえ、言いづらさを感じるものです。

でも、自分の気持ちよりも相手の気持ちを最優先に考える。これがお詫びの第一条だと思います。

それができないと、ついつい、「こんなはずではなかったんですが」「いっしょうけんめいやったんですけど」といった言い訳が出てきたり、部下や下請け業者など、自分以外の人に責任をなすりつけることになります。

言い訳や責任逃れが見苦しいのは、自分の気持ちを第一に考えているからなのです。

信頼を深めるチャンスにも

相手の気持ちを汲むには、相手がどう思っているのかを想像し、思いやることが求められます。また、何について謝るべきなのか、状況を的確に把握し、どんな言い方をすれば相手の心に響くかを考える必要があります。

この章では、取引先に対して自分のミスをお詫びする場合、上司として部下が起こしたミスについて謝る場合、上司にお詫びをする場合などを取り上げています。いずれも、お詫びの仕方ひとつで信用を失ったり、評価を下げることにもなりかねない場面を想定しました。

それだけに言葉づかいや表現も重要です。

謝罪会見などでよく耳にするフレーズが、じつは相手の気持ちを逆なでし、まったくもってお詫びになっていないという場合もあります。お詫びの決まり文句がその場に本当にふさわしいのかも検討していきましょう。

お詫びは、相手と良好な関係を築くためのコミュニケーションのひとつです。「雨降って地固まる」という言葉がありますが、シチュエーションや相手に合った適切なお詫びをすれば、心から謝罪する気持ちが伝わり、それまで以上に信頼を深めることができます。

お詫びをしなければいけないようなマイナスの状況をプラスに変える。この章では、そんな言い方を考えていきましょう。

1　自分のミスをお詫びする

Q

取引先に２週間後にうかがう約束を取りつけたのですが、翌日になってその時間にほかの用事が入っていることに気づきました。幸い、日程の変更はできましたが、訪問した際に謝りたいと思っています。どう言えばよいでしょうか。

考える　ポイント

・お詫びの言葉は軽すぎても、言いすぎてもダメ。
・本当に相手は不快に思っているでしょうか。
・ミスそのものに絞ってお詫びしましょう。

回答&解説

×すいません
△すみません

「すいません」は砕けすぎた言い方です。ミスの内容がどんなものであれ、軽く扱っているような印象を与えます。

お詫びは丁寧に丁重に言うのがベター。現代では、「ありがとう」「いまちょっとよろしいですか」「ごめんください」などと言うべきところを「すいません」で済ませることが多くなっています。このため、「すいません」という言葉自体に重みがなく、謝罪の言葉として機能しないのが実情です。せめて「すみません」と言いたいところですが、相手が取引先であれば、最低でも「申し訳ございません」と言うのが礼儀です。

×ご不快な思いをさせて申し訳ございません

不快という言葉を聞いた瞬間にうれしいと思う人はいません。

「ご不快な思いをさせて申し訳ございません」という発言は丁寧な言い方ではあるのですが、実際、相手は不快に思っていないかもしれません。「この程度のことで不快に思うちっぽけな人間と思われているのか」と、かえって不快にさせることもあります。また、不快かどうかよりもミスが発生したことのほうが問題です。このフレーズはメールで謝る際の決まり文句にもなっているようですが、お詫びをするときには使わないほうがよいでしょう。

○私の確認不足でご迷惑をおかけして申し訳ございません
○二度手間をおかけしましたことをお詫び申し上げます

ミスをした場合、ミスそのものについてきちんと謝ることが大切です。

設問でいえば、迷惑をかけたこと、再度日程調整の手間をかけたことに対して、ピンポイントでお詫びする必要があります。「私の確認不足で」「私の不注意で」など、ミスの原因をひとこと入れてお詫びしましょう。

ただし、言いすぎは禁物。「いつもはこんな失敗はしないのですが」「ここのところ忙しくて注意が散漫になっていまして」などの説明は言い訳がましいだけです。

column

メールで謝るだけで済ませていませんか

本当はやってはいけないことですが、研修講師をしていると、設問のようなダブルブッキングをしてしまうことがあります。

2月と思って引き受けた研修が3月だったと気づき、「私の確認不十分で申し訳ございませんでした!」と慌ててメールで謝ったこともあります。

社会通念上、お詫びは訪問したり電話などで直接伝えるのが一般的です。でも、ミスの内容や相手との関係性によって、メールで謝ることが許される場合もあります。

ただし、メールで謝ることが許される場合でも、次に相手に会ったときには、「先日はご迷惑をおかけしまして申し訳ございませんでした」と、あらためて頭を下げ、ひとことお詫びする配慮が必要です。

ダブルブッキングをした場合、それはすでに起こしてしまったこと。過去に戻ってやり直すことはできません。でも、起こしてしまったことと、未来に向かって良好な関係を築くことは別な話です。

自分に非がある場合はとくに、相手との関係をよりよくするための気づかいは、社会人として必要不可欠です。もちろん、ダブルブッキングをしないように念入りに確認することも、社会人としてさらに重要です。

2 部下のミスをお詫びする

Q

部下が注文を受けたのと違うものを納品してしまい、いっしょに取引先にお詫びに行くことになりました。上司としてどのようにお詫びをすればよいでしょうか。

考える ポイント

・部下をおとしめる言い方はＮＧ。
・上司と部下、それぞれの責任を分けて考えてください。
・自分の責任に限定した言い方をしましょう。

回答&解説

×あいつには何度も注意したんですが……

×おい、おまえも謝れよ

「あいつには何度も注意したんですが」という発言は、部下をおとしめ、上司である自分には責任がないと言っているようなものです。卑怯で見苦しい言い訳でしかありません。

部下のミスは上司のミス。部下がミスをしたのであれば、上司がお詫びをするのは当然のこと。まずはこの認識を持つことが大切です。

また、「おまえも謝れ」と部下に強要するのはもってのほかです。謝り方を知らない子どもにならまだしも、社会人に使う言葉ではありません。

そう言われた部下が謝ったとしても、無理やり言わされてのこと。お詫びの意味がありません。

△すべて私の責任です

上司は部下を管理監督する立場にありますが、現場の責任は部下にあります。このように、それぞれの役割をわきまえることも大切です。

設問でいえば、納品は部下の責任ですから、「すべて私の責任です」と言う上司は、そもそもの意味をはき違えていることになります。

そのうえ、この発言には「私は部下に責任を負わせません。なぜなら私の部下は自分で責任を負えない無能な人間だからです」という意味が含まれます。

もし言うのであれば、「責任を痛感しています」という表現がまっとうです。

○私の管理が行き届きませんで、申し訳ございませんでした

このように、上司としての責務に限定してお詫びをする言い方が適切です。

その点からすると、「私の不手際でご迷惑をおかけしまして」という言い方も×になります。「不手際」という言葉は担当者レベルで使う言葉。部下のミスに関しては、「管理監督が不行き届きで」などの言い方が適しています。

また、「申し訳ありません」より「申し訳ございません」という言い方をしたほうがよいでしょう。こちらのほうがより丁寧です。

column

言語レベルではなく行動でお詫びする方法も

「責任を痛感しています」という言い方も〇だと言いましたが、「責任」という言葉はじつは注意が必要です。安易に使うと損害賠償請求などの訴訟を起こされた場合、不利になることがあるからです。

相手の注文の仕方があいまいだったことも、納品ミスの一因だったという場合もあります。にもかかわらず、「私の責任です」「わが社の責任です」と言ってしまうと、「あのときA部長が『わが社の責任です』と言いました！」などと主張され、相手側の過失は軽視されてしまいます。

多くの人がスマホという名の録音機を持ち歩く時代。発言が録音されている可能性は十分にあります。

訴訟とまではいかなくとも、大問題に発展したときには、「このたびはなんと申し上げてよいか……」と言って黙り、10秒くらい頭を下げる。言葉ではなく行動・態度でお詫びするのがもっとも安全な方法です。

深々と頭を下げれば謝意は伝わります。謝罪の気持ちはボディランゲージで、責任の所在については明示しない。このような高度な謝り方も覚えておくとよいと思います。

営業のセールストークは練習しますが、お詫びの仕方を練習する企業はごく一部。「このたびはなんと申し上げたらよいか……」などという言葉がすらすら出てくれば、あなたの対話力もぐんとアップしますよ。

3 上司にお詫びする

Q

上司の事前チェックを受けるため、プレゼン1週間前に資料を仕上げることになっていましたが、間に合いませんでした。結局、そのままプレゼンに臨み、取れる商談が取れずじまい。上司にどのように謝ればよいでしょうか。

考える ポイント

- 責任逃れという印象を与える言い方はダメ。
- 今後ミスをしないための具体的な改善策を伝えましょう。
- 自分の非を棚上げにせず、誠意をもって対応しましょう。

回答&解説

×ご期待を裏切るかたちになってしまい、すみません

ふたつの理由で×にしました。

ひとつは、「裏切る」という言葉を使っているからです。「裏切る」をはじめ、「悲惨」「最低」など、強い言葉を軽く使いがちな現代。なかでも「裏切る」は人間関係を破壊する、もっとも極端で、もっとも望ましくない状況をあらわします。

このような極端なネガティブ表現は必要ありません。

もうひとつの理由は、「かたちになってしまい」という言葉に、責任逃れを感じるからです。

一因は自動詞を用いていることにあります。「ミスが起きた」と「(私が)ミスをした」では受ける印象が異なるもの。前者は自動詞、後者は他動詞を使っています。「かたちとなった」という自動詞を使うと、「発言者＝傍観者」というニュアンスが生じるのです。

右の回答も、誰かほかの人のせいで問題が起きたかのように聞こえます。「私は本当は謝りたくないのですが」という意味にも取れます。そこがお詫びにはふさわしくないところなのです。

△今後、このようなことがないようにします
○ご期待にそえず、申し訳ございません

一般的に、「ご期待にそえず申し訳ございません。今後、このようなことがないようにします」とつづけて使うことが多いと思います。

でも、「今後、このような――」のほうは、決しておすすめできる言い方ではありません。なぜなら、あいまいだからです。今後の具体策が示されていない以上、改善にはつながりませんし、具体性のないことは決まって繰り返されます。

「ご期待にそえず申し訳ございません。これからは担当業務の週間計画を立て、仕事の優先順位を見極め、プレゼンの1週間前に資料をお見せできるように準備をします」

「今後、原因を整理して書面にし、今週木曜日の正午までには提出します」

など、具体的に改善策等を述べるのがベストです。

column

部下の責任逃れは上司の指示出しが原因かも

「言われたとおりにやったんですけど、できませんでした。すいません」

この言い方も×です。

本人は謝ったつもりになっていますが、謝りたくない気、満々。「自分は悪くありません。指示を出した上司のせいです」というのが真意です。責任逃れで、まったくもってお詫びになっていません。

好きでお詫びをする人なんていません。でもだからこそ、お詫びの場面は誠意の見せどころ。ふてくされず、自分の非を棚上げにしない姿勢が求められます。

ただし、「言われたとおりにやったんですけど――」という発言をする部下に、意識を変えろと言えば済む話でもありません。上司にも責任があるかもしれないからです。

上司が事細かく指示をして、部下の自発性をそいでしまったときに、部下はやらされ感覚になり、「やりたくないけどやらされた。だからうまくいかなくても私には責任がない」と開き直ります。

指示待ち族をつくる過干渉は、同時に責任逃れをつくります。

上司のみなさん、心当たりはありませんか。

大方針は示すけれども、具体的にどうするかは部下の自主性に任せる。そのあたりの線の引き方が部下を育てるうえで、とても大切です。

4　部下に謝罪する

Q

　上司として部内のアイデアをまとめ、新企画として経営会議に上げました。「これは絶対にいけるぞ！」と部下たちを盛り立てていたのですが、会議で却下されてしまいました。部下にどのように謝ればよいでしょうか。

考える ポイント

・相手が部下といっても上司の失敗はうやむやにはできません。
・襟を正し、率直に謝りましょう。
・誠意を示すには、どんな言葉づかいがよいでしょうか。

回答&解説

×ま、仕方ないよな
×ごめんね、ごめんね

「ま、仕方ないよな」という発言は言い訳でしかありませんし、「ごめんね、ごめんね」は部下に甘えた言い方です。いずれも自分の失敗をうやむやにしています。

人間関係によってはこういった言い方が許される組織もあるのかもしれませんが、大切なのは部下に対しても襟を正すこと。自分の力が及ばなかったことをもっと率直に謝りましょう。

△お詫びしたいと思います
△お詫びさせていただきたいと思います

「お詫びしたいと思います」という言い方は、思っているだけで、実際にお詫びしているわけではありません。「お詫びできない事情でもあるのか?」とツッコまれる言い方ともいえます。「お詫びさせていただきたいと思います」のほうは丁寧な言い方ですが、お詫びは自発的にするもの。させていただくものではありません。これらの言葉が口癖になっている方もいますが、率直さに欠ける言い方だということを自覚することが必要です。

○申し訳ありません
◎お詫びします

いずれも謝罪の気持ちを表していますが、より率直な順に◎○にしました。謝罪の場合、相手が部下であっても敬語を使ってかまいません。いまの時代、部下のほうが年上というケースも珍しくはありませんし、逆に、上司としての威厳を保とうとすると敬語が自然に出てこないものです。上司としての威厳か、それとも誠意か。ここは体面を守りたい気持ちよりも謝りたい気持ちを優先させましょう。

謝るシチュエーションは、部下が全員そろっているのであれば、いつでもいいと思います。朝礼でもいいですし、「ちょっと集まってくれるかな」と声をかけて部下を集める、あるいは、部下が全員そろっている場面でプロジェクトの中心となった人物に向かって謝るのもひとつの方法です。

要は謝罪の気持ちや事の次第が部下全員に伝わればＯＫ。臨機応変に対応しましょう。

column

部下のやる気を引き出す謝り方とは

「君たちの努力を無にしてしまった。心からお詫びします」

一見、◎に思えるかもしれませんね。

でも、私は×をつけます。なぜなら、努力は無駄になっていないからです。

会議で却下されたとしても、部下ひとりひとりのなかに、貴重な気づきや学び、経験が残っています。それらをないものとして扱い、失敗と決めつけたのでは、部下は前向きに挑戦しつづけることはできません。

「前向きな挑戦・チャレンジは、ある一時点で結果につながらなくても、失敗と呼ぶのはやめましょう。『未成功』と呼びましょう」

私はこのように提案しています。

成功への道は、質の高い未成功を積み重ねていくこと。部下に成功への道のりを歩ませるためにも、次のような言い方をおすすめします。

「君たちが努力したことが次につながるように、今週末までに新しいプランを考えるよ」

「次回こそは君たちの努力が報われるように、私はプレゼン力を高めます」

落ち込んで終わり、また、謝って終わりではなく、上司として次にどうするかという宣言を述べるわけです。

こうすれば、口先だけの謝罪ではないことや上司の本気さが伝わります。部下の意欲だって高まるというものです。

5 依頼を受けられず断る

Q

条件のいい取引先から大量の注文をいただきましたが、少し前にも注文が重なり、依頼を断らなければなりません。大口のお客様だけに先方との関係は壊したくありません。どのようにお詫びすればよいでしょうか。

考える ポイント

・失礼な言い方、誤解を与える言い方になっていませんか。
・「今回は断るが、次回は引き受けたい」という気持ちを伝えましょう。
・敬意や感謝の気持ちを伝える言い方を考えてみましょう。

回答&解説

×ダメです。無理です

問題外の発言です。お客様に言うべき言葉ではありません。

設問でいうと、依頼を断ることによって、相手はほかの業者と取引せざるを得なくなります。もしほかの業者のほうが品質がよかったり値段が安かったりすれば、永遠に失われる顧客になってしまうかもしれません。

取引先との関係は非常に重要です。せめて気持ちのうえでは、「このお客様をつなぎとめておくんだ」という思いで断ることが大切です。

×御社からのご依頼は受けられません

「御社からの」という言い方が×の理由です。「の」と言っているため、「あなたの会社の依頼は受けませんが、ほかの会社のなら受けます」という意味に受け取れます。

言うのであれば、「御社からの」を省き、「生産が追いつかないため今回はお受けできません。次回はお受けしたいと思います」でOKです。相手が余計な気をまわすような言い方はしないことです。

◎今回はご依頼をお受けできません。申し訳ございません

ポイントは「今回は」と言っているところです。依頼を受けられないのを今回だけに限定し、次回は受注したいという意志を言外にこもらせています。今回が例外に聞こえるフレーズともいえます。

相手との関係を大切にするという観点からいうと、依頼を断るとはいえ、敬意や感謝を伝えることも大切です。

「ご用命いただきありがとうございます。日頃のご愛顧、感謝申し上げます」とお礼を先に言ってから、「今回はご依頼をお受けできません――」とつづけるほうがよいでしょう。

また、次回につなげるという意味では、今後の見通しを伝えるのもよい方法です。

「8月の後半を過ぎれば生産のピークは過ぎますので、そのときはぜひよろしくお願いします」こんな言い方ができるのではないでしょうか。

column

おすすめの丁寧表現「お受けいたしかねます」

依頼を断る丁寧な言い方として、「お受けいたしかねます」という言葉をマスターしておくと印象も一気によくなりますよ。

「受けられません。すみません」というのと、「お受けいたしかねます。申し訳ございません」では丁寧さ加減がまったく違いますよね。

「ご用命いただきありがとうございます。日頃のご愛顧、感謝申し上げます。今回は生産が追いつかないため、お受けいたしかねます。誠に申し訳ございません」

こんなふうに丁寧に、敬意と感謝に満ちた言い方をすれば、相手も悪い気はしないのではないでしょうか。

ところで、依頼を断るとき、「役不足」という言葉を使うことはありませんか。

「A君、今日のミーティングの進行を君にお願いしたいんだけど」

「いやぁ、私では役不足です。ほかの人にお願いしてもらえませんか」

こんなふうに使っていたら、それは間違いです。正しくは、「役者不足」「力不足」といいます。

「私では役者不足(力不足)です。ほかの人にお願いしてもらえませんか」

これが正しい日本語なのです。

本来「役不足」とは、本人の実力は高いのに、与えられた役割が低いときに用いる言葉で、自分に対して使うと謙遜どころか逆の意味になってしまうのです。

「Bさんは優秀なのに、あの仕事じゃ役不足だよ」というふうに使うのが正しいのです。ぜひ覚えて、正しく日本語を使いましょう。

6 失言を詫びる

Q

取引先の担当者に、ほめるつもりで「お宅の会社は石橋を叩いても渡らない会社ですよね」と言ったところ、後日、先方の上司から「心外だ。失礼にもほどがある」と苦情が入りました。どんな謝り方をすればよいでしょうか。

考える ポイント

・お詫びしなければいけないことは何なのか、明確にしてみましょう。
・まわりくどい言い方をせず、ストレートにお詫びしましょう。
・相手が望んでいるよりも強めにお詫びしましょう。

回答&解説

×私の発言を撤回します

公式発言として議事録があるような場合や、手続き上、担保されている場合などは、議会の承認を得るなどして発言を撤回することができます。

でも、一般社会では一度した発言は取り消せません。それを撤回するというのは虫のいい話です。

言ったことは事実。事実は事実として認めることが大切です。

×お騒がせしましたことお詫びいたします
×結果として気分を害された方がいたとすれば謝ります

いずれも、お詫びのポイントがずれています。お詫びしなければいけないのは、お騒がせしたことでも、相手の気分を害したことでもありません。本来は「堅実経営を貫いている会社」と言うべきところを不適切な言い方をしてしまったことをお詫びしなければなりません。

とくに、「結果として――」という言い方は、お詫びをしたくないという本音が透けて見える言い方です。まず「結果として」が不要です。「結果として」と言うと、まるで途中までは正しかったというような印象を与えます。「気分が害された方がいたとすれば」というのは、仮定の話にすりかえています。政治家などの謝罪会見でよく聞くフレーズですが、お詫びに値しない言い方です。

◎私の物言い（表現）が不適切だったことをお詫びいたします

なぜお詫びをするかといえば、信用を回復したいからです。そのためには、こちらが本気でお詫びをしていることをわかってもらう必要があります。

設問でいえば、自分の発言そのものをお詫びする言い方をしなければなりません。右の回答のようにストレートにお詫びすることが大切です。

また、本気さをわかってもらうために、相手が望んでいるよりも強めにお詫びすることもポイントです。「そこまで謝らなくてもいいんですよ。どうぞお顔を上げてください」と言ってもらえるようなお詫びをしましょう。

column

間違えたらスルーせずにすぐ謝罪！

設問のような状況では、具体的なほめ言葉を並べて謝るのも効果的です。

「このたびは表現が不適切で申し訳ございませんでした。

御社の経営は堅実で、だからこそ業界での信用もナンバー1ですし、着実に実績を上げておられます。そういった安定性のある会社であるということを申し上げたかったのですが、失礼な言い方をしまして、本当に申し訳ございませんでした」

こんなふうに言って深々と頭を下げれば、相手も許そうという気持ちになってくれるものです。

ところで、失言といえば、大変失礼なことなのですが、私は名称の間違いをしてしまうことがたびたびあります。

広島県の尾道市役所での研修中に、「この倉敷の街を――」と滑舌よく言ってしまったこともありました。そのときは言った直後に気づいたので、「失礼しました！　どちらもすてきな街なので間違えました!!」とすぐに謝った記憶があります。

自分の言い間違いなどに気づいたとき、「この程度ならいいだろう」「どうせスルーしてくれるさ」と勝手に判断し、しらを切る方もいるかもしれませんね。

でも私は、とにかくすぐに謝ることが大事だと思っています。気づいているのに黙っているのは誠実とはいえませんし、やはり居心地が悪いものですからね。相手ではなく、言い間違いをした本人が。

まとめ　お詫びはトレーニングで身につける
同じセリフを言ったとしても、伝え方によって印象はまったく異なります。

たとえば、上司が部下に、「君は期日までに資料をつくらなかったね」と言ったとしましょう。

暗い表情で言うとネガティブな感じになりますし、笑顔で冗談めかして言った場合は、また違ったニュアンスが生じます。

お詫びも同じです。言い方をはじめ、お辞儀の仕方、顔の表情、声の響き、視線、態度などで、受ける印象は異なります。お詫びをするときにはとくに、表情や声などの非言語（ノンヴァーバル）コミュニケーションを意識することも大切です。深々とお辞儀をし、表情も真剣で、張りのある声であれば、誠実に、真摯に謝っている気持ちが伝わります。

逆に、言語表現としては非常に巧みであったとしても、ニタニタしていたり、お辞儀が浅かったり、声の響きが軽くてうそっぽかったりすれば、謝罪の気持ちは伝わりません。

また、企業の不祥事が起きた場合の謝罪会見などを見ていて、「この人、本当に謝る気あるの？」「お詫びの言葉になっていないんじゃない？」と思うことがあるのではないでしょうか。それは単純にお詫びが下手なのです。なぜ下手なのかというと、理由は簡単。普段から練習していないからです。

お詫びの言葉が、いざというときにさらっと口をついて出てくるようにするには、やはり日頃のトレーニングが重要です。防災訓練が平時から必要なように、何も問題の発生していないときやトラブルが起こっていないときにこそ、謝罪の練習をするとよいでしょう。本章で取り上げている言葉が、「おはようございます」「ありがとうございます」と同じくらいの滑らかさで出るように練習しておきましょう。

と同時に、つい口をついて出てくる謝罪の言葉が、本当にその場に適切なのかどうかも検討してみるとよいでしょう。

上司が部下のミスを取引先に謝る場合、「私の不手際でご迷惑をおかけしまして」という言い方はNGだと書きました。「すいません」という言い方は軽すぎるため、謝罪にふさわしくはありません。こちらに他意はなかったとしても、相手はネガティブにとらえる場合もあります。受け取る側の心情に配慮することを忘れないでください。

第2章

相手を傷つけずに「反対」「指摘」する

適切な自己主張はむしろ望ましい

アサーティブネス・トレーニングという研修が、ここ数年日本企業でもずいぶん広まってきました。アサーティブ（Assertive）とは自己主張するという意味です。自己主張というと、「我を通す、周囲の声を聞かず、やみくもに意見を押し付ける」というイメージが湧くかもしれませんが、ここでいう自己主張は「自分の意見を誠実に表現する」ことをさしています。

アサーティブネス・トレーニングでは、自分の感情や意見を建設的に主張する方法を学んでいきます。頼まれたことにノーと言えない、あるいは、反対意見を言うときケンカ腰になってしまうなど、主張が不得手な人でも、トレーニングを通して、自分のコミュニケーションのくせに気づき、適切な伝え方を身に着けていきます。相手が受けとめにくいような意見でも、伝え方ひとつで、受け入れやすいものになるわけです。

考えてみれば、主張をしないからといって、また、意見を言わないからといって、必ずしも自分の意見を持っていないわけではありません。あなたも会議で黙っているとき、内心、「このアイデアはまずいんじゃないか」などと考えていることがあるのではないでしょうか。

では、なぜ言わないのか。

恥ずかしい、反対されるのが怖いという気持ちもあるでしょうし、言っても仕方がないからというあきらめ、どうせ自分の意見なんか通らないという悪い意味での遠慮が先に立ってしまう面もあると思います。

みんながみんな意見を言わず、口をつぐんだことで、会社の方針が望ましくない方向に流れてしまったら、あとになって職場の雰囲気が悪くなったり、パフォーマンスそのものが落ちてしまうことになります。

あきらめや遠慮か、組織にとってより本質的な事案か。

反対意見を言うときには、後者を優先させることが求められます。

相手への配慮は必要

不満などを言う場合、また、行動の改善を促す場合は、言われる側の立場に立つことも必要です。とくに上司は部下からの意見を受けとめにくいと感じることが多いものです。

自分のほうが経験が長い、知識も多い、判断力も高いという自覚を持っている人が多いため、意見されたとなると、自分自身が否定された、人格が否定されたと勘違いしてしまうのです。

意見を述べるときは、相手の人格に対する否定や非難を極力抜いて伝えましょう。

そのためには、「部長はそうおっしゃいますが」と人を主語にするのではなくて、「この企画は～」「この表現は～」など、なるべく事柄を主語にし、人と事とを分けることが大事です。相手との関係性を大切にする意味では、「部長にはいつもお世話になって、今回のプロジェクトも部長のおかげでここまできたわけですが」というような枕詞を使うなど、相手を尊重するメッセージをなんらかのかたちで差し込むこともポイントです。

「反対意見は自分を成長させてくれる」「意見を拒否されるのはアイデアがよりよくなるためのプロセスだ」とポジティブに受けとめる人もいますが、みながみなそうではありません。やはり相手への配慮が必要になります。

この章では、そんな相手の気持ちを踏まえながら、角が立たない意見の言い方、不満などの伝え方を具体的に学んでいきましょう。

1 反対意見を言う

Q

課長から営業拠点を増やすという提案が出されましたが、私は課長の意見に反対です。でも、ストレートに意見をぶつければ、聞く耳を持ってもらえないかもしれません。どんな言い方をすればよいでしょうか。

考えるポイント

- 対立をあおる言い方は避けましょう。
- 「反対意見」ではなく、「ひとつの選択肢」ととらえてみましょう。
- 聞く耳を持ってもらうために、許可取りの質問を活用しましょう。

回答&解説

×反対です。間違っています。よくないと思います。おかしいです
×賛成できません
△賛成いたしかねます

「反対です」「おかしいです」など、対立をあおる強い言葉を使って許される組織は、まずないと思ってください。「賛成できません」でも強いくらいで、「賛成いたしかねます」がせいぜいでしょう。

何かの方針について、すぐに意見が揃うのも危ういことですが、「賛成だ」「いや反対だ」と対立を深め、もめてばかりいるのも危険です。不毛な水かけ論に陥り、否定されたとなれば、感情的に根に持つ人もいます。

そうすれば、組織の風土が悪化し、社員の意欲が低下する、パフォーマンスが上がらないなど、さまざまな悪影響が出てきます。

「反対」という言葉自体、使わないに越したことはありません。

◎私の意見を申し上げてもよろしいでしょうか

「反対」に代わる言葉。それが「意見」「提案」です。

相手と異なる意見を言う場合、賛成か反対かという二極論ではなく、「目標を達成するための選択肢は無限にある。相手の考えも自分の考えもそのなかのひとつだ」ととらえることが基本です。そうすれば、反論ではなく、「提案」という道筋が見えてきます。

「私の意見を申し上げてもよろしいでしょうか」と許可取りの質問をして、そのうえで自分の意見を提案する。これであれば、相手も気分を害しませんし、聞く耳を持ってくれます。

設例は相手が上司の場合ですが、逆に相手が部下の場合には、まずほめて、そのあとで意見を伝えるとよいでしょう。

「よく考えてくれたね。いいアイデアだと思うよ」「□□なところが素晴らしいね」とほめたうえで、「じつは私は違う意見を持っているんだ。私の話をしてもいいかな」と許可取りの質問を使います。

column

「基本的には賛成なんですが」と言って意見を述べるのはダメ

提案をする際、クッションフレーズを使えば、聞き入れてもらいやすくなる――。そんなアドバイスを聞いたことはありませんか。

クッションフレーズとは、相手に失礼のないように、あるいは、発言の衝撃をやわらげるために用いる言葉です。

「基本的には賛成なんですが」
「おっしゃることはわかりますが」
「大筋はそうかもしれませんが」

などがそうです。

私はこれらをまとめて、「イエス／バット」と呼んでいます。

「課長のおっしゃることはわかりますが、営業拠点を増やすより、一営業所の売り上げを伸ばすほうが大事だと思います」

このように、いったん相手に肯定の姿勢（イエス）を示し、そのあとで否定的なこと（バット）を言うからです。この「イエス／バット」、結局はバットしか残らないことに気づきましたか。

「基本的には賛成なんですが、営業拠点数は現状のままでいいと思います」
「大筋はそうかもしれませんが、別な選択肢を考えたほうが賢明だと思います」

いかがでしょう。クッションフレーズを用いることで、反論のほうが際立っていますよね。私だったら使わない表現です。

「一営業所の売り上げを伸ばすほうが大事だと思います。ま、ここは意見が分かれるところですが」

このように、発言の最後にクッションフレーズをつけるのも、おすすめできません。議論から逃げている印象を与えるからです。

2

上司に不満を伝える

Q

組織再編プロジェクトが発足して以来、組織変更や部署名の変更、異動が頻繁で、落ち着いて仕事ができません。プロジェクトリーダーの部長に不満をぶつけたいのですが、どんな言い方をすればよいでしょうか。

考える ポイント

・部長に意見を言う本来の目的を考えてみましょう。
・相手に怒りをぶつけたらどうなるでしょうか。
・上司が受けとめやすい言い方をしましょう。

回答&解説

×そんなことではダメですよ
×部長はなんで□□しないんですか

明らかに相手を責める、詰問する言い方です。部下からこんなふうに言われれば、誰しもいい気持ちはしないものです。

この項目には、「上司に不満を伝える」という見出しをつけました。とはいえ、不満をぶつけることが目的ではありませんし、不満をぶつけることは手段ですらありません。

本来の目的は、組織のあるべき姿、目指すべき方向性を具体的に提案することのはず。まずはその点を踏まえておきましょう。

×部長、□□してくれないと困りますよ
×わが社の□□なところがいけないと思います

前のふたつにくらべると、□□してほしい、□□なところを改善してほしいと、具体的に要望していますす。でも、言葉に怒りの感情が乗っているため、不平にしか聞こえないのが残念なところです。

回答例として×を4つあげましたが、いずれも上司に面と向かってダメ出しをしています。相手の感情を刺激し、「君はそんなことを言うけどな！」と反発を招く言い方ともいえます。これではいくら要望・提案しても聞き入れてはもらえません。

△部長、ひとこと言わせてもらっていいですか

○部長、いまよろしいですか。ひとつ提案があります

このふたつは同じく自分の意見を述べようとしています。違いは何かといえば、前者にはトゲがあって、怒りの感情が含まれていることです。ケンカを売っている印象すら受けます。

不満を伝える場合のポイントは、怒りの感情を抜いて、ニュートラルな状態で提案することです。そうすれば、相手も受けとめやすくなり、提案が採用される確率も高まります。

実際に言うときには、「部長、いまよろしいですか」と許可を取ってから、「ひとつ提案があります」と切り出すのが効果的です。

column

部下によって態度が違う上司。それって部下次第?

お恥ずかしい話ですが、私は30代の頃、上司に対して「組織変更ばかりしてちゃダメですよ!」「そんなマネジメントはないでしょ!」と不満を直接ぶつけていました。

若かったとはいえ、自分でもつくづくと「かわいくない」部下だったと思います。

上司と私、お互いに怒りの感情が抑えきれず、ああ言えばこう言うで、〝怒りのキャッチボール〟になることもしょっちゅう。当然ながら、私の意見など受け入れてもらえませんでした。

そんなとき、同じ職場のAさんは、私とはまったく異なるアプローチをしていたのです。

「部長、□□に関して提案があります。いまお時間よろしいですか」

まさに前ページで解説した方法で、冷静に上司に接していました。

私には怒りの感情を向けてくる上司も、Aさんには穏やかに対応し、Aさんの意見・提案には真摯に耳を貸していたものです。

憤りやフラストレーションなどを言葉に乗せず、組織のあるべき姿、目指すべき方向性を具体的に提案する。この大義に立ってアプローチすることの大切さを、Aさんは知っていたのですね。

頭が下がります。

3

批判に受け答えする

Q

人事に関する新しい評価制度を提案したところ、先輩から批判されました。「内向きの管理業務よりも実際に足で稼ぐ営業が大事なんじゃないか。新しい評価制度は問題ありだな」。こういうとき、どのように応じればよいでしょうか。

考える ポイント

- すぐさま反論するのはＮＧ。
- 相手の意見を受けとめる言い方を考えましょう。
- 「批判」ではなく、「意見」ととらえてみては。

回答&解説

×そうは言いますけど

批判されたときは、まず相手の意見を受けとめることが大切です。建設的な議論につながり、ひいては良好な人間関係づくり、組織の活性化につながります。

ところが、「そうは言いますけど」は、相手の意見を否定する表現です。感情的な言い方をするしないにかかわらず、「そうは言いますけど」のあとには、反論や言い訳がつづきます。言っている本人は正論のつもりでも、相手にすれば「意見を拒否された」と思えるのです。

×ご批判はごもっともなんですが

典型的な「イエス／バット」です。

「〜ですが」の「が」は、逆接の接続詞です。「ご批判はごもっともです」といったん受けとめておきつつも、「が」のあとには、やはり言い訳や反論など、逆接的な内容がつづきます。

また、この言い方の場合、「批判」という言葉を使っている点でも×にしました。「批判」と言ったとたんに、相手とのあいだに対立意識ができてしまいます。「批判」ではなく、「意見」「フィードバック」という言葉を使いましょう。

○貴重なご意見ありがとうございます
○私が気づかなかったことをフィードバックしてくださって、ありがとうございます

批判に対しては、このような言い方で相手の意見を受けとめるのがベストです。相手の意見が正しいか間違っているかに触れず、感謝の言葉を示すことで、「あなたの意見をキャッチしました」というサインを送ります。

そのうえで、冷静に事の次第を説明しましょう。

「貴重なご意見ありがとうございます。いただいたフィードバック、参考にさせていただきたいと思います。今回、この評価制度を提案するに至った背景をもう一度確認させていただきます」

こんなふうに言えれば合格です。

column

「でも」「けど」「ただ」を使いまくっていませんか

「先に資料をチェックしたいんですが、資料がそろっていないので、そちらを後回しにしたいんですけど……。でも、いまある資料だけでもという意見があればそうしますが……。ただ、資料に抜けがあるようなので……」

こんなふうに言われたら、「何が言いたいんですか」と尋ねたくなりますよね。

回りくどさの原因は、不用意に「〜ですが」「けど」「でも」「ただ」など、逆接の接続詞を多用していることにあります。「〜ですが」「けど」は、ただ単に文章をつなぐときにも使いますが、意味としては逆接の接続詞と同じです。

余計な逆接の接続詞を省き、簡潔に話すことが大切です。

先の文章であれば、

「資料チェックは後回しにしたいと思います。なぜなら資料がそろっていないからです。もし、いまある資料だけでもチェックをしたいというご意見があれば伺います」

このように、ワンセンテンスで区切って話せば、建設的ですよね。

とはいえ私自身、話のつなぎとして、「〜なんですけど」など、逆接の接続詞を使う傾向があります。

みなさんはどうですか。自分の話し方を確認してみるとよいと思います。メールの文章も同じ。「〜ですが」「けど」「でも」を連発していれば削りましょう。言い切るのも勇気です。

4 相手のミスを指摘する

Q

年上の部下がつくった資料にミスがありました。曜日が間違っていたのです。修正してほしいのですが、相手が年上だけに、言いづらさを感じています。どんな言い方をすればよいでしょうか。

考える ポイント

・「ミスを指摘するのは悪いことだ」と思っていませんか。
・ミスを指摘するのは何のためでしょうか。
・相手のプライドを傷つける言い方はタブー。

回答&解説

×こんなことを指摘すると細かいやつだと思うかもしれませんが
×揚げ足を取るようで申し上げにくいんですけど

ミスを指摘するのは悪いことだ、相手に失礼だという思い込みがあると、このような腰の引けた前置きをしがちです。

ミスは誰にでもあります。それを指摘する目的は、相手の気づきと行動改善を促すことにあります。つまり、ミスを指摘することは相手のためでもあり、会社のためでもあるのです。悪いことだという思い込みを、まずは手放しましょう。

×Aさん、ここの曜日、間違ってますよ
△Aさん、ここ土曜日になってますが、正しいのは日曜日ですよね

何の前置きもなしに、いきなりこのような言い方をするのは、いささか乱暴だと思います。相手

にすれば、突然、「あなたは間違っています」と指摘されるわけですから、プライドが傷つくこともあるでしょう。

それでも、「Aさん、ここ土曜日になってますが――」のほうを△にしたのは、指摘が具体的だからです。ミスを指摘する目的は、相手の行動改善を促すこと。そのためには、改善点を具体的に伝えることも必要です。

◎ひとつフィードバックしていいですか

これは本当に便利な表現で、私は日本の社会に広めたいと思っています。相手が年上でも年下でも使えますが、とくに年上の部下に対して、言いにくいことを言うときに便利なコミュニケーション方法です。言い方のポイントは、感情や価値判断を極力抜いて、客観的な事実を伝えること。

「ひとつフィードバックしていいですか」で相手に聞く耳を持たせ、「日付が土曜日になっていますが、日曜日ですよね」と事実をそのまま指摘すればOKです。

感情的に言葉を投げれば、相手も感情的に受けとめます。ニュートラルに投げかけると、ニュートラルに受けとめることができるので、相手はミスに気づきやすく、素直にミスを修正しやすくなるのです。

column

「池ポチャの法則」に学ぶ ミスを減らす方法

ゴルフのプレイヤーが、「池に落としちゃいけない、落としちゃいけない」と強く警戒すればするほど、皮肉にもボールは池に吸い込まれていく——。これを「池ポチャの法則」といいます。

この法則はビジネスシーンにも当てはまります。「ミスをしちゃいけない、いけない」と思えば思うほど、ミスは増えますし、契約を取りこぼしてはいけないと思えば思うほど、取りこぼしが増えていきます。

相手にミスをしてほしくないのであれば、ミスではなく、望ましい姿にコミットメントできるようにすることが大切です。

「ミスをするな!」と怒鳴ったり、「ミス」「間違い」といった言葉を使うよりも、しかるべきビジョンを示す、事実関係を端的に伝える、あるいは、どうあれば望ましいかをストレートに伝えることのほうが効果的なわけですね。

ミスは誰にでもあると書きましたが、これはもう変えがたい事実。お互いさまだと思います。逆に、自分がミスをしたときに、ほかの人にミスを指摘してもらえるような関係性を築いておくことも大事ではないでしょうか。

お互いがお互いをサポートし合う、カバーし合う、助け合う。そういったマインドセット（思考様式）で仕事に臨みたいものですね。

5 顧客からの理不尽な要求を断る

Q

通常であれば7日はかかる仕事を、３日でやってくれと言われました。３日で仕上げた例はいままで一度もありません。でも、大切なお得意さんだけにむげに断るのも悪い気がします。どうすればよいでしょうか。

考える ポイント

・要求を断ることは本当に悪いことでしょうか。
・相手との関係を断ち切るような言い方はダメ。
・「ノー」の言い方を工夫してみましょう。

回答&解説

×わかりました。なんとかします

注文を断るのは悪いことだ、お客さまに対して失礼だと思っていると、相手に「ノー」が言えなくなってしまいます。

でも、断れずに無理をすれば、社員が体を壊すかもしれません。キャパシティを超える仕事を引き受け、納期を守れず、お客さまに迷惑をかけてしまうこともあるでしょう。

また、無茶な要求をしてくるクライアントに限って、値段を下げろなど、さらに無茶な要求を突き付けてくるもの。安易に「なんとかします」と引き受けるのは禁物です。

×無理です。できません

×何を考えているんですか

×（ムッとした表情で）うちは製造に7日かかりますから

「ノー」を言う場合でも、ケンカ腰だったり、相手を責めるなど、配慮のない言い方はNGです。

ここに挙げた3つは、いずれも相手との関係を断ち切る言い方です。相手が「この会社にはもう注文したくない」と思ったとしても不思議ではありません。

言うまでもなく、仕事をしていくうえで、取引先との関係性はとても重要です。設例のようにリピート注文してくれるクライアントは本来大切にしたいもの。「ノー」の言い回しを工夫してみましょう。

○さすがにその日程ではお受けいたしかねます

「受けられません」「できません」というストレートな言い方をすると、相手は強く拒否されたような気持ちになるものです。

要求は断ったとしても、相手との関係は保っていきたいわけですから、ここは「お受けいたしかねます」という丁寧な言葉を使い、断るという意志をやんわりと伝えることがポイントです。

また、相手の要望に応えたいという姿勢を示しつつも、やんわりと「あなたの要求は過剰ですよ」ということを伝えたいときには「さすがに」を、また、相手気持ちを忖度《そんたく》しながらも、それに添うことができないときに「あいにく」を、冒頭につけて話すとよいでしょう。

column

お客さまの奴隷になっていませんか

エクスペリエンス・マーケティングを提唱する藤村正宏先生が、ご自身のブログでこのようなことを書いていました。

とある旅館でのこと。あるお客さまの子どもが押入れのふとんで「おねしょ」をしてしまい、子どもの祖父が旅館側に謝罪しました。その際、旅館側がクリーニング代として3000円ほどの金額を請求したところ、祖父は激怒したというのです。

「私は客だ。客から金を取るのか!」という考えなのでしょう。「訴えてやる!」と息巻き、観光協会や消費者センターに直訴したという話でした。

このケースに限らず、「客は偉い、店は客に従うべきだ」という考えの人が増えているように思います。

藤村先生は、このようなお客さまをつくっているのが、過剰に丁寧な接客やサービス、つまり「お客さまは神さまです」という考え方だと指摘しています。「お客さま=神さま」ととらえている企業は今後ダメになっていく。なぜならお客さまの奴隷にすぎなくなり、魅力がなくなるからだとも書いていました。

たしかにその通りだと思います。

「お客さまは神さまだ」と思っていると、理不尽な要求にも「ノー」が言えなくなります。すると、相手はどんどんわがままになり、同時に会社はビジョンや使命を見失っていき、結局会社は自分の首を絞めることになるわけですよね。

ちなみに、観光協会などに訴えたおじいさん。どうなったのかというと、相手にされなかったそうです。

6 部下の仕事ぶりの改善を促す

Q

仕事中、部下が頻繁にネットニュースを見ています。そのせいか残業が多く、残業代もけっこうな額になっています。折しも、会社の方針で残業時間を半分に減らすことになりました。部下にはどのように話せばよいでしょうか。

考える ポイント

・部下に遠慮した言い方をしないこと。
・行動を改めさせる本来の目的を考えてみましょう。
・より高次な目標に焦点を合わせましょう。

回答&解説

×ネットを見る時間を減らしてくれるとうれしいな

部下に嫌われまいとすると、遠慮しすぎて、このような中途半端な依頼になってしまいます。部下にすれば、上司がうれしいかどうかなんて関係ありません。「これまで通りネットニュースを見まくっていいんだな」と思うでしょう。

ただ、実際のところ、部下に遠慮して叱れない上司が増えています。現在のマネジャー世代（1960年代後半～70年代前半生まれ）は、とくにその傾向が顕著かも知れません。

×おい、コラ！

×おまえ、何見てるんだよ

怒ったところで、部下の行動は改善されません。また、「何を見てるんだ」と問いただしても、「仕事に関することを調べていました」など、いくらでも言い逃れはできます。

このようなケースでは、ネットニュースを見ないようにすることを目標に据えるとうまくいきません。相手の自発的な行動の改善を引き出すには、より高次の目標からアプローチしたほうが効果的です。

設例の場合、高次の目標、つまりもっとも重視しなければいけないのは、残業代を減らすこと。そこに焦点を合わせることが基本です。

○残業時間を減らすために、君はどんなことができるかな

ネットニュースを見なくなったものの、相変わらずだらだら仕事をしていて、残業代が減らないというのでは意味がありません。そのことからも、ネットニュースを見る見ないは、単なる手段・方法だということがわかります。

手段や方法ではなく、残業代を減らすという、より高次の目標にアプローチすると、○のような言い方になります。

「先月の君の残業は28時間だったね。会社の方針として残業時間を半分に減らすことになったんだ。そのために君はどんなことができるかな？　３つあげてくれる？」

こうした具体的な言い方も参考になるのではないでしょうか。

column

自発的にネットニュースを見なくなるコミュニケーション法

「残業時間を減らすために、君はどんなことができるかな？」と聞いて、「ネットで調べものをする時間を減らしたいと思います」という答えが返ってきたらしめたもの。

　では、ネットのネの字も出てこなかったらどうすればいいでしょうか。

「ほかにどんなことがある？」

　と、聞いてみてください。

　それでも出てこない場合は、いよいよこちらから踏み込みます。

「ひとつ提案があるんだけど、聞いてくれるかな？」

　と、まずは許可取りの質問をし、こんなふうに言ってみましょう。

「私が見る限り、ネットで調べものをしている時間が長いように思えるんだけど、どんな認識かな？」

　これでも認めなければ、それ以上突っ込まなくてOKです。その代わり、部下が実際にネットニュースを見ているとき、「いま、ネットニュースを見てるよね」と事実を指摘します。こうすれば、部下はバツの悪さを覚えます。結果、ネットニュースばかり見ているという行動を改めやすくなるのです。

　この一連の流れはコーチングの手法です。相手の認識・意見を引き出し、それに乗せるかたちで具体的な行動の指針を引き出す。相手の自発的な行動改善を引き出しているわけですね。

まとめ　コミュニケーションの幅を広げるフィードバック

相手が意見を譲ってくれたり、受け入れてくれるのはうれしいものです。「やった！俺は勝ったんだ」というような短期的な昂揚感、勝利の喜びに浸ることもあるかもしれません。

でも、会社のなかの関係であれ、取引先との関係であれ、勝ち負けで考えるのではなく、パートナーシップで考えることが大切です。

自分の意見を取り入れてくれたり、要望を聞いてくれたのであれば、それは相手の度量の大きさゆえのこと。「ありがとうございます」とお礼を言うことも忘れないようにしましょう。

逆に、自分の意見が却下された場合には、根に持たないことも大切です。松下幸之助氏はそういうものを全部まとめて「素直な心になりなはれ」と言いました。

英語で「He took it personal.」というと、「彼は個人的にとらえた」、つまり根に持ったという意味になります。

なかなか難しいかもしれませんが、パーソナルにとらえず、もっと大きな視野に立ち、根にもたないように心がけたいものです。

また、反対意見はフィードバックととらえることも大切です。フィードバックには、こんな効果があります。

・相手に聞く耳を持たせる

「フィードバックしていいですか」と言われたら、自然な流れとして、「はい、どうぞ」「いいですよ」という返事が返ってきます。

それと同時に、相手は聞く態勢が整います。言いづらいことや反対意見を言う前に、このワンクッションを置くと効果的なのです。

・反感を買わない、相手を追い込まない

「部長の意見は間違ってますよ」と責めたり、部下に対して「何やってるんだよ」と怒鳴り散らせば、相手との関係も悪くなります。怒鳴り散らされた部下がストレスを抱え、病気になってしまうケースも多いものです。

でも、フィードバックという手法を使い、冷静に事実を指摘すれば、相手も受けとめやすく、自分から行動を改善しやすくなります。

客観的に冷静に伝えるワザを持つと、コミュニケーションの幅が広がります。

第3章

相手の心に寄りそう「なぐさめ方」

誰でも失敗することはありますし、不本意な処遇に合うことはあります。また、親に先立たれるということも、悲しいかな、避けて通ることはできません。

相手が落ち込んでいたり、悲しんでいるとき、声をかけづらいものですが、適切ななぐさめ方をすれば、それが相手の心を癒すこともあります。

相手をなぐさめるときには、次のようなやってはいけないことがあります。

①上から目線の態度

自分が元気だからといって、元気のない相手を上から目線で見るのはNGです。

「あの人をなぐさめてやらなければ」という使命感の裏には、じつは相手を下に見る気持ちが潜んでいることも少なくはありません。また、「あいつはかわいそうだ」と憐れむのも、上から目線の証拠です。

上から目線の態度は、相手のみじめさや悲惨さを際立たせます。

逆にいうと、上から目線の態度を取ることで優越感に浸ることができるわけです。こうした気持ちは相手に伝わります。そのため、

「はいはい、あなたは元気だからそういうことが言えるんですよね。あなたは私のような仕打ちにあっていないからいいですね。どうせ安全地帯にいるんでしょ」と冷ややかに受けとめられ、心理的な距離ができてしまうのです。

②相手の悲しみを一般化する

「よくあることだよ」「そういうものだよね」など、相手の体験を一般化するのもNGです。

悲しんだり、落ち込んでいる本人にすれば、その悲しみやつらさは唯一無二。世界でいちばんというくらい深刻なものです。それを一般的な図式にあてはめられれば、「この人は何もわかっていない」となってしまいます。

親を亡くした人に対して、「僕も両親を亡くしたけど、誰でもいつかは経験することだからねぇ」と、平然と言ってのける共感力の薄い人もいます。これは極端な例ではありますが、言いづらくて、いい言葉が思い浮かばず、一般論に逃げたくなることもあるものです。注意しましょう。

③巻き込まれまくる

共感は大事ですし、なぐさめようという気持ちは尊いと思います。でも、当事者以外の人が動揺しておろおろしたり、取り乱すのは考えものです。

失敗をして落ち込んでいるAさんをなぐさめようと思うあまり、Aさん以上に気落ちしてしまったとしたら、Aさんが加害者で、自分は被害者という関係になってしまいます。また、Aさんから、「あなたまでそんなふうにならなくていいのよ」と、逆になぐさめられては本末転倒です。自分と他人をうまく区別することが求められます。

なぜなぐさめるかというと、元気になってもらいたいからにほかなりません。この章では、失敗をした人、不本意な処遇に合った人、家庭で不幸があった人などのなぐさめ方などを解説していきます。

それぞれショックを受けていたり、悲しみに沈んでいることを踏まえ、適切な表現を学んでいきましょう。

1 失敗した人をなぐさめる

Q

気が弱い後輩A君。会議中に部長から厳しい指摘を受け、しどろもどろになってしまいました。落ち込むA君をなぐさめたいのですが、変な言い方をしてさらに落ち込ませるようなことになったらと思うと、言いづらくて……。

考えるポイント

・A君をなぐさめたいとはいえ、部長を悪者にしてはダメ。
・相手の気持ちを吐き出させてあげましょう。
・成功のイメージが描けるような言い方をしましょう。

回答&解説

×まあ、気にするなよ

相手をなぐさめたい気持ちはわかります。でも、もっとも言ってはいけない言葉です。相手との心理的な距離を広げてしまう心ないセリフだからです。

気にするなと言われたら、人間、絶対に気にします。言われたほうは、「この人は私の気持ちを全然わかってくれない」と感じ、壁をつくってしまうかもしれません。

×あんな言い方をして、部長が悪いよ。A君は全然悪くないよ
×部長、ひどいよなあ。あそこまで言わなくてもいいのにな

叱られた人をなぐさめるときに言いがちですが、この言い方は叱った人と叱られた人の関係を悪くします。A君の心のなかには、少なからず部長に対する不満があると思います。そのような状態のときに「部長が悪い。君は悪くない」と言われれば、部長に対する不満が増幅しかねません。

相手の気持ちに寄りそうことは大事です。でも、誰かを悪者にする言い方は避けましょう。

○ずいぶん厳しい指導を受けてたみたいだけど、どんな気持ちだった？

失敗した人をなぐさめるときには、相手の気持ちを聞いてあげる、気持ちを吐き出させるあげることが大切です。

「どんな気持ちだった？」と尋ね、真摯に耳を傾けて、A君の気持ちが落ち着いたら、今度は部長の肩を持ってあげる言葉を添えるのもおすすめです。

「部長は君に期待しているし、君の成長を思って、あえてああいう言い方をしたんだと思うな」

こんな言い方をすれば、A君の部長への不満もやわらぎます。

また、視点を変えるような言葉をかけるのも、ひとつの方法です。

「今日のことがあったから、A君はいいリーダーになれると思うよ」

「部長から厳しいアドバイスをもらったことが、今後、君が指導する立場になったとき、役に立つと思うなあ。後輩に説得力を持ってアドバイスできるだろうしね」

失敗した人は考え方がネガティブになりがちです。でも、視点を変えるひとことが気づきを促し、ネガティブ思考から脱出するきっかけになります。

column

相手の意欲を引き出すコミュニケーション法

視点を変えるという意味では、体験談を活用するのもひとつの方法です。

「じつは私も、君と同じ年齢くらいのとき、こんなことがあってね」と、自分の失敗談を話します。

とくにA君のようにへこみがちな人は、自分の失敗にとらわれがちです。周囲が見えなくなっています。そこで、「誰にでも失敗はある」という別な視点を持てるように促してあげるわけです。

ポイントは、相手の失敗よりも悲惨なケースを話すこと。失敗とも呼べないような失敗談を話しても効果はありません。「なんだ、その程度のことか。僕の失敗のほうがひどいじゃないか。やっぱり僕はダメなんだ」と落ち込ませるだけです。

また、相手が成功のイメージを描けるよう、前向きな言葉をプラスするのも、よいコミュニケーション方法です。

部長に厳しいことを言われたことを「怒られた」ととらえず「アドバイス」と受けとめ、「失敗」を「未成功」と受けとめれば、こんな言い方ができます。

「部長からいただいたアドバイスを取り入れれば、次回のプレゼンはもっとよくなると思うよ」

「今日は未成功だったけど、次は期待しているよ」

相手の視点を変え、意欲を引き出すコミュニケーション。ぜひ取り入れてください。

2 不本意な処遇にあった人をなぐさめる

Q

設計部門の課長が人員調整を理由に営業部門に異動することになりました。課長は設計部門の叩き上げです。異動は不本意だろうと思います。それだけに言葉をかけづらいのですが、どんなことを言えばよいでしょうか。

考えるポイント

- 安易なポジティブ発言は心に響きません。
- 「I《アイ》メッセージ」で自分の気持ちを伝えましょう。
- 感謝の気持ちを伝える機会ととらえましょう。

回答&解説

×設計部門はなんとかなりますから。新天地でがんばってください
×課長も大変だと思いますが、ピンチはチャンスです！
×会社も人を見る目がないですよねぇ

なぐさめたいと思えばこそ、言ってしまいがちな言葉です。でも、相手の気持ちに寄り添っていれば、このような言い方はできないと思います。

「設計部門はなんとかなりますから」と言われたら、相手は「俺は設計部門にいてもいなくてもいい、どうでもいい存在なんだな」と思うもの。

「がんばってください」「ピンチはチャンス」など、ポジティブシンキングを押し付けられても、「そんなふうに言えるということは他人事なんだな」と受けとめられてしまいます。

また、前の項で書いたように、誰かを悪者にする言い方は避けたいところです。実際、会社は見る目がないのかもしれませんが、それを指摘してもなんのなぐさめにもなりません。

○課長が抜けると、設計部門がまわるかどうか、正直不安です
○課長から直接ご指導を受ける機会が減ってしまうと思うと、とてもさびしいです

これらの言い方は、いずれも「Ｉ《アイ》メッセージ」です。私はこう思う、こう感じるということを言葉にしています。

相手が傷ついているかもしれない、落ち込んでいるかもしれない。そのような場合には、Ｉメッセージで自分の気持ちを伝えるとよいでしょう。

設例のようなケースであれば、「なぐさめる」というより、「感謝の気持ちを伝える」ととらえたほうが、自然にコミュニケーションが取れます。

右のＩメッセージに加え、

「課長には設計の基礎を叩き込んでいただきました。本当に感謝しています。これからもときどき顔を出して、私たちをご指導ください。よろしくお願いします」

このような言い方をすれば、相手の心にも響くのではないでしょうか。

column

「ぜひ戻ってきてください！」は禁句

上司が異動する場合、「これからも私たちをご指導ください」「今後とも私たちを叱咤激励ください」など、引き続き指導を仰ぐのは大事なことです。

理由はふたつあります。

ひとつは、異動になったあとでもつながりをキープすることができるから。

もうひとつは、相手に戻ってくる理由をプレゼントすることになるからです。

異動先で勝手がわからず、ストレスがたまることもあるでしょう。そんなときのために、グチをこぼしにきやすい環境をつくっておいてあげるわけですね。

ところで、設例のような場合、励ましの意味も込めて、つい、

「また設計部門に戻ってきてください」
「ぜひ設計部長で凱旋してください」

などと、言いたくなりませんか。

いつかまたいっしょに仕事をしたいと思えばこそ、出てくる言葉です。

でも、課長に人事権があるわけではありませんよね。設計部長になりたくてもなれないかもしれません。

安易に無責任なことを言うとかえって相手を傷つけます。しゃべり過ぎ、踏み込み過ぎには注意しましょう。

3　家庭で不幸があった人をなぐさめる

Q

母親の葬儀を終え、部下が出社してきました。仕事をしながら遠距離で介護をつづけていた部下。さぞ気落ちしているのではと心配していました。元気づけたいと思っています。でも、何をどう言っていいのかがわかりません。

考えるポイント

- デリカシーのない表現は絶対にダメ。
- 部下の献身的な努力と悲しみへの共感を示しましょう。
- 多くを語らず、胸の内を聞いてあげるコミュニケーションを。

回答&解説

×いまどんな気持ち？

相手が落ち込んでいるようなときはどんな気持ちかを尋ね、気持ちを吐き出させることが大事だと書きました。でもそれは、世界でたったひとりしかいない母親を亡くした人にする質問ではありません。悪気はなくても、相手の心のなかに土足で踏み込むようなものです。

コーチングは質問で引き出すといいますが、質問が機能しない場面もあります。言葉では語りつくせないような思いを聞き出すのはやめましょう。

×これで肩の荷がおりたね
×一段落ついたね

母親を亡くしたばかりの人に、肩の荷がおりたとか、一段落ついたといった表現を使うのはデリカシーがなさすぎます。この設例の場合、共感する点はふたつです。ひとつは、長年介護をつづけてきた献身的な努力。もうひとつは、母親を亡くした悲しみです。努力をねぎらい、悲しみに寄り添う。これらふたつをバランスよく実現しないと、コミュニケーションは成立しません。

そう考えると、ここにあげたふたつの言い方は、ねぎらいにだけ焦点を当てていることがわかります。言う言葉が思いつかなかったり、相手を元気づけたい思いが強いと、これらの発言をしがちです。注意しましょう。

○大変だったね

第一声はこれで十分です。言われた相手は、葬儀が無事に終わったこと、香典等への感謝などを話すと思います。それを聴いてあげることが大事です。

聴いてあげることは、悲しみに寄りそう行為です。沈黙の時間がつづいても大丈夫。多くを語らず、相手に話をさせて、胸のつかえを取る時間にしてあげましょう。

そして、相手の話が済んだら、ねぎらいの言葉をかけてあげます。

「気を張っていただろうし、体も大変だったのではないかい。無理するなよ。これから四十九日などの法要もあると思うけど、何かあったら遠慮なく言ってくれよ」

相手の体調や今後の予定に配慮してあげましょう。

column

自分の気持ちを優先しすぎると相手を傷つける

「肩の荷がおりたね」のように、それぞれのシチュエーションで、言いがちなNG言葉があるものです。

よかれと思って言ってしまう言葉ではあるのですが、いずれも、「自分の気持ちを優先するあまり言ってしまう言葉」ということができます。

こんなケースもありました。

パソコンがダウンしてしまい、購入先の量販店に持ち込んだAさん。初期化すれば使えるようになるが、データはすべて消えてしまうといわれ、使えるようになるのならそれでもいいいと、初期化をしてもらったそうです。

でも、今度はパソコンの設定が必要ですよね。Aさんは個人経営のパソコン設定・修理業者に電話。事情を説明し、設定を依頼しました。すると、こんな言葉が返ってきたそうです。

「量販店に持っていく前に、どうしてうちに連絡くれなかったんですか。うちなら初期化せずになおせましたよ。データも消さなくて済んだのに」

確かにそうなのかもしれません。でも、パソコン内のデータがすべて消えて、多少なりともショックを受けているであろう相手のことを思えば、言ってはいけない言葉だと思います。

もし言うとしたら、パソコンの設定作業が終わってからです。

「今後もしパソコンの調子が悪くなったら、うちに連絡してもらえるといいかもしれません。もしかしたら初期化しないでも済むかもしれませんので、その際にはご検討ください」

このくらいさりげなく言うのが配慮ではないでしょうか。

4 元気がなさそうな人に声をかける

Q

普段は明るい部下なのですが、ここ2、3日、元気がないように思えます。ひとりでいることも多いようです。元気がないように見えるだけなので、声をかけていいのかどうかもわからないのですが……。

考える ポイント

・ここは声をかけてもＯＫです。
・前項とは異なり、質問を通したコミュニケーションを取りましょう。
・「元気出せよ！」と言われても元気は出ません。

回答&解説

×元気がないみたいだけど、このあいだのミス、引きずってるのか
×奥さんとうまくいってないのか

質問を通したコミュニケーションを取るとしても、相手にイエス／ノーで答えさせるクローズド・クエスチョンは使わないように。

ここにあげたふたつは両方ともクローズド・クエスチョンです。事実を確認する場合には効果的ですが、相手の心を解きほぐしたり、なぐさめる場合には不向きです。ミスを引きずっている、夫婦仲が悪いなど、勝手に決めつけて質問するため、「ミスしたことなんてすっかり忘れてたのに、うちの上司は気にしてたんだ……」など、相手に不信感を抱かせることになります。

×元気出せよ！

へこんでいるとき、「元気出せよ」と言われて、本当に元気になった経験はありますか。ないと

いう人がほとんどでしょう。

設例の場合、部下はエネルギーが低い状態です。そんなとき、エネルギーレベルが高い上司から、「元気出せよ！」と明るく言われれば、相手は心理的な距離感・断絶感を感じます。ますます落ち込むことになるのです。

○今日は元気がないように見えるけど、何かあった？

クローズド・クエスチョンに対し、オープン・クエスチョンは相手の自由回答を引き出す質問です。右の言い方がまさにオープン・クエスチョン。ほかには、「どう思う？」「どこに行きたい？」「どういう方法がある？」などがあります。

オープン・クエスチョンは自由回答ですから、部下が元気をなくしている理由などを引き出しやすいのが特長です。でも、理由を引き出すために会話をするわけではありません。元気になってもらえればいいわけですから、相手が「別に」「何にもないですよ」と答えたとしても、深追いはしないこと。

「何もないならいいんだよ。ただ、もし困ったことがあったら遠慮なく相談に来てくれよ」と、いつでも相談に乗る準備があるということを伝えればＯＫです。

column

相手が心を閉ざすか開くかは声次第

ハマグリやアサリなどの砂を吐かせるとき、その貝が生育した海水と同じ濃度の塩水につけますよね。逆に、急に真水につけると、殻をきつく閉じてしまいます。

それと同じで、相手に話をさせたいのであれば、相手に合わせることが大切です。

何を合わせるのか。

それは声です。

声のトーン、大きさ小ささ、高さ低さ、速さ遅さ。これらを相手に合わせると、その人は安心感を覚え、口も滑らかになります。このように相手に合わせることをペーシングといいます。

ヴァーバル（言語）コミュニケーションばかりではなく、声というノンヴァーバル（非言語）コミュニケーションによっても、相手に共感の姿勢を示すのはとても大切なこと。

別な言い方をすると、声のトーンや高さなどによって、相手が話しやすい環境をつくることができるわけですね。

エネルギーが低い状態のとき、エネルギーレベルが高い上司から明るく励まされると、心理的な距離感を感じると書きましたが、少し声を低めにして、ややゆっくりめに、抑え気味の声で話せば、相手も話しやすくなりますよ。

まとめ　相手の気持ちを中心に考え、そのまま受けとめる

なぐさめるという行為には、水平的な感覚で対応することが求められます。

その最たるものが「寄りそう」ことです。過剰な介入をしない。遠からず近すぎず適切な距離感を保つ。これが寄りそうということです。

この章では、４つのケースを想定して解説しましたが、なぐさめ言葉を言うよりも、話を聴いてあげて、ただ寄りそうのがベストという場合もあります。

その場合は、声のトーンやリズムと同様、呼吸を合わせるのも、ペーシングのひとつとして有効です。相手にすれば、いっしょにいてくれる安心感が高まります。

なぐさめる場合はとくに、相手の気持ちを思いやり、相手を大切に考えることが基本となります。なぐさめるつもりで自分の話を延々としてしまう人もいますが、何らかのスイッチが入り、ブレーキがかからなくなってしまうのだと思います。最初は本当になぐさめようとしていても、途中から自己中心回路に入ってしまうのです。

これも、ある意味、巻き込まれまくっているのかもしれません。自分を失い、我を忘れているわけです。

自分自身の悩みや悲しみ、つらさであれば、ほかの悩みと相対化し、縮小して解釈しなおすこともできます。でも、ほかの人の場合はそういうわけにはいきません。相手の心もようはその人本人にしかわからないからです。

あなたから見れば、「この程度のことで落ち込むのは大げさなのでは」と思うこともあるかもしれません。でも、あなたの価値判断はわきに置いて、まずは相手の気持ちをそのまま受けとめる姿勢を持ち続けることが求められます。

これはコーチングにも共通することです。

コーチングのスキルの一例をあげてみましょう。

①相手が話しやすい環境を整える
②判断を加えないで相手の話を聴く
③相手の気持ちや客観的な事実を質問で引き出す
④結論を急がず、相手のペースに合わせる
⑤心を込めて聴き、共感を示す

なぐさめるときにも、これらの要素は役に立ちます。自己中心的にならず、相手を思いやったコミュニケーションを取っていきましょう。

第4章

ミスを伝える、頼み事をする

言いにくいことから先に告げる

トラブル発生や事故の経過なども言いにくいものです。動揺もしますし、責められるのではないかと思ったり、相手もこういう話は聞きたくないだろうと察する気持ちも働きます。

ただ、会社の経営や組織の運営という面からいうと、言いづらいこともきちんと伝え、対応しなくてはいけません。それが責任というものです。

対応することを英語でレスポンド（respond）といい、その能力のことをアビリティ（ability）といいます。ふたつ合わせたのがレスポンシビリティ（responsibility＝責任）です。

仕事をしていくうえでは、言いたくないことを伝えなければいけないケース、あるいは、個人的にはそっとしておきたいけれどもどうしても聞き出さなくてはいけない場合などもあると思いますが、それらは仕事上の役目であり、責任ととらえることが大切です。

マネジメントの現場では、言いにくいことはまず先に告げるのが基本です。

たとえば、アイデアが不採用だった場合、悪い結論なら、なおさら早く聞きたいはずです。「君のアイデアはオリジナリティがあって、私も非常に評価しているんだ。まず着眼点がいいよね」からはじまり、だらだらと前置きされて、結局不採用を告げられたのでは、相手もがっかりしてしまいます。

それを防ぐ意味でも、また、不採用を受けて、今後何をすればいいかを考えるためにも、言いにくいことは先に告げるわけです。

トラブル発生時も同じです。言いづらいからこそ、先に告げる誠実な姿勢が求められます。

また、緊急時であれば、のんびりと話をしている時間はありません。短時間で効率よく説明することも大切です。ポイントを絞って、相手が知りたいであろう情報を具体的に伝えましょう。

相手から本音を引き出す

この章には、トラブル発生時の伝え方のほか、聞きにくいことを聞き出す、相手の隠された本音を引き出すという項目も入れました。

いずれもこちらにすれば聞きづらく、相手だって言いづらいというシチュエーションです。こういう場合には、「どうすれば相手は言いやすいか。言いやすくなるか」を考えましょう。

これらのシチュエーションでは、相手からうまく答えを引き出せないことも多いものです。そのような場合には、深追いはしないことも大切です。

コーチングでも、たった一度のやりとりで完結できるとは限りません。あまり効果が望めないと感じたときには、無理に答えを引き出さず、宙ぶらりんのままコーチングを終わらせます。そして、日常でのやりとりを含め、何度もコミュニケーションを取ることによって、部下の意欲や自発性を引き出し、解決先を見出していきます。

強引に聞き出そうとして、それでも本音が聞けないと、お互い悪い印象を持ってしまうかもしれません。また、話を長引かせれば詰問やお説教になってしまうことも考えられます。その後の関係を悪くするからです。

この章では、良好な人間関係を築くことも視野に入れ、適切な伝え方、本音の引き出し方などを考えていきましょう。

1 トラブル発生を伝える

Q

クライアントから予定時刻になっても商品が届かないと電話が入りました。商品は外注先が直接納品することになっています。電話で確認すると事故渋滞で納品が遅れているとのこと。クライアントにどう説明すればよいでしょうか。

考える ポイント

- 外注先に責任を押しつけてはダメ。
- その場しのぎの返答はしないこと。
- 納得してもらえるように事情を説明しましょう。

回答&解説

×電話番号を教えますので、外注先に連絡してください
×あの会社、ちゃんとやるって言ったんですけどねえ
×だから中央高速は使うなって言ったんですよ

いずれもダメな言い方です。自分たちは関係ないというような発言や、責任を外注先に押しつける言い方は、絶対にしてはいけません。「外注先とわが社はチームである」と考えるのが基本です。チームでクライアントにご満足していただく。その目的を達成するため、外注先を選んだ時点で、こちらの会社には道義的な責任が発生しています。そのことを忘れないでください。

×こういうことってありますよねえ
×すぐに着くと思います
×すみません。なんとかします

一般論に逃げて開きなおったり、根拠のないことを言うのもＮＧです。場当たり的なあいまいな答えは、相手を混乱させ、トラブルを拡大させてしまいます。問題が発生しても、対応さえ的確であれば信頼を失うことはありません。でも、不誠実な対応は信頼の大損失に直結します。

○申し訳ございません。現在、トラックが中央高速の高井戸近辺で渋滞30キロにはまっております

トラブルが発生したらクライアントに対して事情を説明する必要があります。この場合は、事故渋滞という不可抗力が原因であることを具体的に説明し、納得していただかなければなりません。

もし、到着見込み時刻がわかれば、

「午後６時には御社に到着すると思います」

と加え、わからない場合には、

「到着時刻が読めるようになりましたらもう一度ご連絡をさしあげます」

と告げることも大事です。

とくに、クライアントが終業時刻を過ぎて待っていなくてはいけないような場合には、到着時刻の予測を伝え、先が読めるようにしてあげる配慮が必要です。

column

正確な情報を伝え、ベストを尽くす

設問の模範解答はこのようなものだと思います。

「お待たせして申し訳ございません。
ただいま外注先に確認しましたところ、配送のトラックが渋滞に巻き込まれていることがわかりました。中央高速で事故が起こり、30キロの渋滞に巻き込まれています。下道《したみち》でも大渋滞が発生し、動きがとれないということです。
何時何分に到着するという確かなことは申し上げられない状況ですので、トラックが高井戸の料金所を降りて、御社に到着する見込み時間がわかりましたら、また改めてご連絡申し上げます。
お待たせして本当に申し訳ございません」

いかがでしょう。ずいぶん長いなあと思いますか。

でも、これくらい言うのが、誠意ある対応だろうと思います。

事実関係を正確に述べ、可能な限り正確な予測を伝え、言えないときには予測が立つようになったら連絡する旨を伝える。

もちろん、言うだけで事足りるわけではありません。渋滞状況や下道の混雑状況を調べ、運べるものであれば電車で運べないかを検討するなど、お客さまにご満足いただけるようにベストを尽くすことが大切です。

2 ミスの経過を伝える

Q

注文を受けたのと違うものを納品してしまいました。原因は社内で担当者が書類の記入を間違え、それに上司が気づかなかったことでした。これらの原因も先方に伝えたほうがよいでしょうか。もし伝えるなら、どんなことに注意すればよいですか。

考える ポイント

- 原因を伝えることは大切です。
- ただし、悪者をつくらない表現をしましょう。
- 事の次第をわかりやすく説明しましょう。

回答&解説

×私はちゃんと書類をまわしたんですが
×うちの上司も受注部門の担当者もミスに気づかなかったんです

トラブルが起きた場合、その原因を相手に伝えることは基本対応のひとつです。ただし、具体的に誰が悪いかを話す必要はありません。

右の回答のように、開きなおった挙げ句、上司と受注部門の責任だと告げることは、自分自身の株を下げることになります。

とくにトラブルの原因をメールで説明する場合は注意が必要です。

CCで上司にもメールが届くようにしている組織では、「受注部門が間違えた」「上司が気づかなかった」など、ほかの人のせいにしていることを上司が知るところとなり、上司を敵に回すことになるからです。

自分の会社で起こったことは、その会社の担当窓口である自分のこととして引き受けることが大切。お客様との関係を維持する最前線に立っているという自覚と責任感を持って対応しましょう。

○ご迷惑をおかけして申し訳ございません
○私どもと受注部門のあいだで手違いがありまして、書類のチェック体制がうまく機能しませんでした

まずは陳謝から入り、事故の原因を伝えるようにしましょう。

右の回答では、「受注部門が間違えた」「上司が気づかなかった」という事実をあえてぼかし、「私どもと受注部門のあいだで手違いがあった」「書類のチェック体制がうまく機能しなかった」という言い方をしています。悪者をつくらない工夫をしているのです。

会社全体のこととして俯瞰してみれば、受注部門のミスは書類の扱いの不手際であり、上司が気づかなかったことはチェック体制がうまく機能しなかったということにほかなりません。

誰かを悪者にすると、外に対して会社の印象が悪くなります。あいまいな言い方をしたほうが、対外的にも受けとめやすいものです。

column

原因、現状、見通しなどをわかりやすく話すこと

　トラブルが発生した場合、取引先に対して、なぜ発生原因を伝えるのでしょうか。それは、「どうしてこんなことになっちゃったわけ?」という相手のいぶかる気持ちや疑問を解消する必要があるからです。

　前項と似ていますが、模範的な言い方を挙げてみます。

「このたびは申し訳ございません。

　私どもと総務部門で手違いがありまして、書類のチェック体制がうまく機能せず、御社が発注された部材と異なる部材が納品されてしまいました。本当に申し訳ございません。

　いま、代わりの部材を手配したところですが、まだ到着しておりません。大変恐縮ですが、もう少々お待ちいただければと思います。

　現段階での見込みですと、明日の朝10時に弊社に到着します。弊社の車で直送させていただきますので、御社に到着するのは11時30分ごろになります。

　この見通しに変更があった場合には、またご連絡を申し上げます」

　このように、原因、現状、対応、見通しなどを相手が理解しやすいように話すことがポイントです。

　トラブルが起きないようにすることがもっとも大事ですが、トラブルが発生してしまった場合、対応ひとつで信頼をとり戻し、相手との良好な関係を深めることができます。

　言いづらくても、誠実に対応しましょう。

3 頼みにくいことを頼む

Q

以前ボツになった企画が経営会議で採用になり、企画立案した担当者をとりまとめ役にすることが決まりました。でも、一度ボツになっているだけに、担当者にいまさら言いづらい気持ちがあります。どんなことに注意して頼めばよいでしょうか。

考える ポイント

・一度ボツになったくやしい気持ちを思いやりましょう。
・グッドニュースとして伝えましょう。
・相手の「イエス」を引き出しましょう。

回答&解説

×前回のことは水に流して、気持ちよく引き受けてください

こう言われて、相手は気持ちよく引き受けるでしょうか。ボツになったときのくやしさやうらみがましい気持ちが、相手のなかに多少なりとも残っているかもしれません。それを「水に流して」などと言われたら、感情をないがしろにされたような気持ちになります。

「ボツになったときの私の気持ち、全然わかってないじゃないか。ボツにするとか、引き受けろとか、勝手なことばかり言うな！」

と、反発されても仕方がありません。

○経営会議もようやく君の企画趣旨を理解してくれたんだ。この企画のとりまとめ役は君しかいない

○これに関してリーダーシップを取れるのは君しかいないと思っている。とりまとめ役になってもらう。もちろんいいよね

グッドニュースとして伝えることがポイントです。

「以前ボツになった」ということに焦点を当てると、「いまさら言うのもなあ……」と気が引けますが、「ずいぶん待たされたけど、やっと会社もわかってくれた」というグッドニュースに光を当てれば、言いやすくなります。

相手も同じです。くやしい思いが残っているかもしれないからこそ、グッドニュースのほうに光を当てられたほうが、前向きな気持ちになり、受け入れやすくなります。

グッドニュース感を高めるのに便利なのが、「ようやく」という言葉です。

「ようやく」を使うと、いい企画だったけれども、理解してもらうのに時間がかかったという印象が強まります。

また、「とりまとめ役は君しかいない」「とりまとめ役になってもらう。もちろんいいよね」と畳みかけることもポイントです。有無を言わさぬ勢いで、相手の「イエス」を引き出しましょう。

column

「引き受けるのはカッコ悪い」と思っている人への接し方

「経営会議のやつら、手のひら返したみたいに『この企画、いいねえ』なんて言い出したんだよ。あのときゴーサイン出していれば、いまごろ企画はだいぶかたちになってたんだけどね」

いかがでしょう。同じことを言うにしても、バッドニュースとして伝えると、まったく心象が異なりますよね。

このように言われた末に、とりまとめ役を頼まれたとしたら……。

仮に引き受けたとしても、ボツになったときの気持ちは消化されず、心のしこりとなって残ると思います。バッドニュースとして伝えるということは、過去を振り返ってボツにされたという悲しい思いに光を当てることだからです。

それに対して、いまからどうするか、未来に向かってＨｏｗというところに光を当てるのがグッドニュースとして伝える方法です。ボツになった過去はなくなりはしませんが、未来のＨｏｗに光を当てたほうがお互い気持ちよく仕事ができます。

そのためにも、相手にとりまとめ役を引き受けてもらいたいところ。それにはこんな方法がおすすめです。

「ぜひ引き受けてもらいたい」と頼んだあとに、「さっそくなんだけど、第１回目の打ち合わせはいつにしようか」と、すぐさま具体的な話に持ち込むのです。

相手は「一度ボツにされているんだから簡単に引き受けるのはカッコ悪い」と考えているかもしれません。具体的な話に持ち込めば、相手も「イエス」と言いやすくなります。

4 聞きにくいことを聞き出す

Q

複数の部署からメンバーを集め、プロジェクトチームを組みました。そのなかに、しっくりいかないふたりがいます。以前、仲たがいがあったらしいのです。何があったのかを把握しておきたいのですが、どのように聞けばよいでしょうか。

考える ポイント

・相手が話しやすくなるようなコミュニケーションを心がけましょう。
・人と事とを区別して質問しましょう。
・相手の気持ちや考えを聞いてあげましょう。

回答&解説

×Aさんから聞いたのですが、メンバー同士のトラブルがあったそうですね

×Bさんと仲たがいしていると聞きましたが、何かあったんですか

右のようにストレートに聞くと、相手は身構えたり、警戒してしまいます。また、仲たがいのようなことがあったとすれば、それが当事者でなくても言いづらいものです。このような場合には、どうすれば相手は言いやすくなるか。その観点から考えることが基本です。

もっとも有効なのが、人と事とを区別して質問することです。人と人との問題としてとらえてしまうと、トラブル、仲たがい、対立といったネガティブな言葉を使ってしまい、相手の言いづらさを助長します。

Aさんという人に焦点を当て、「Aさんから聞いたのですが」と言えば、Aさんが告げ口したように聞こえてしまうでしょう。また、「あなたとBさんは仲たがいしていると聞きました」と当事

者に言うと、誰がそんなことを言ったのだろうといぶかしがられます。実際に、ふたりが仲たがい状態にあれば、相手を嫌悪する感情を刺激することにもなるでしょう。

このように人に光を当てる限り、事実を把握することは困難になってしまうのです。

○以前、メンバー同士のあいだで意見の違いがあったと聞いているんですが、どんな感じだったんですか

人と事とを区別するには、ふたつのポイントがあります。

ひとつは、「仲たがいがあった」ではなく、「意見の違いがあった」ととらえること。もうひとつは、誰から聞いた、誰と誰のあいだに問題があったのかなど、「人」を明白に言わないことです。

何があったのか、何が原因だったのかという部分もストレートに聞かず、「どんなかんじだった？」程度にぼやかして質問します。

なぜこのようなあいまいな言い方をするのかというと、相手の気持ちを汲みとることが大事だからです。意見の違いがあったわけですから、それぞれに主観的な思いや考えがあります。まずはその思いや考えを受けとめ、相手に安心感を与える。それが相手の言いづらさの解消につながり、ひいては、どんなことが起きたのか、事実の把握につながっていくのです。

column

受けとめても、受け入れないコミュニケーションを

相手の思いを受けとめることは大事ですが、同時に、受け入れてしまわないことも大事です。受けとめるとは、賛成も反対もしない、肯定も否定もしないことをいいます。

「サブリーダーが全然仕事をしないんです。それで腹が立ったんです」

相手がこのように言ったとするなら、

「なるほど、そういうこともあったんですね。それでそのときは、そういうふうにお感じになったんですね」

とニュートラルに対応する。これが受けとめるということです。

同じシチュエーションでも、安易に受け入れてしまうとこうなります。

「そのサブリーダー、最悪ですね」

つまり、「全面的に賛同し、同調する＝受け入れる」なのです。

共感しすぎると、「あの人は私の肩を持ってくれた。だから私はやっぱり正しい。サブリーダーは間違っている」と、かえって相手とサブリーダーの対立を激しくしてしまいます。

言い方としては、「そのときはそういうふうにお感じになったんですね」と受けとめるのがよいと思います。これは、「いまは違うふうに感じてもいいですよ」というメッセージでもあります。

ただし、言いなれないと、なかなか出てこない言葉ですよね。普段から練習しておきましょう。

5 相手の本音を引き出す

Q

以前はそんなことはなかったのですが、部下のA君は飲み会に誘っても断ってばかり。残業を頼んでも、「今日はちょっと……」と言って帰宅してしまいます。家庭の事情か転職を希望しているのか。本音を聞き出すにはどうすればよいでしょうか。

考える ポイント

- 相手が本音を言いやすい環境をつくりましょう。
- 許可取りのフレーズ、承認のメッセージを活用しましょう。
- 仕事の一環で尋ねているという姿勢を示しましょう。

回答&解説

×また飲み会不参加かよ。最近、つきあいが悪いなあ。家庭で何かあるの？

何か事情がありそうな人から本音を引き出したいとき、相手に最大限に配慮することが必要です。何でも言えばいいというものではありません。

相手の本音を引き出すとは、「本音を言いやすい状況に相手を置く」と言い換えることができます。その点からすると、声をかけるタイミングも大事です。

飲みに誘って断られたタイミングよりも、仕事をかたづけるため残業してほしいと頼み、断られたタイミングで切り出したほうがよいでしょう。仕事がらみのほうが、相手も本当のことを話さざるを得ない心境になります。

また、部内で話をするのではなく、別室に呼んで話をする気づかいも必要です。

○今後の仕事の進め方にも関係するので、ちょっと立ち入ったことを聞いてもいいかな

このように許可取りのワンクッションを置くことが第１ステップです。そのうえで、以下のように承認のメッセージを伝え、本題に入っていくと、相手も話しやすくなります。

「ちょっと立ち入ったことを聞いてもいいかな（許可取りのワンクッション）。

君は仕事の段取りを組むのがうまいし、忙しいときでも丁寧に仕事をしてくれているね。君の働きぶりを評価しているし、いつも感謝しているよ（承認のメッセージ）。

いま動かしている案件、締切りぎりぎりでやっていることは君もわかってくれていると思う。半年前だったら、こういう状況下で君も残業してくれていたけど、私の見る限り、ここ１、２か月はそうじゃないようだね。早く帰らなくてはいけない事情があって、私のほうが知っておくべきことがあれば聞いておきたいんだが、どうだろう（本題）」

このように、興味本位ではなく、また、責めているわけでもない。あくまで上司として、仕事の一環で事情を把握しておきたい。そういった姿勢を示すこともポイントです。

column

「私の胸におさめておくので」と「秘密は守るから」は大違い

設問のようなケースでは、相手の家庭の事情やプライベートに踏み込むことになります。相手にすれば、知られたくないことかもしれません。

そんな気持ちに配慮するフレーズとして、「私の胸のなかにおさめておくので」という表現も覚えておくとよいでしょう。

「言いにくいこともあると思うけど、私の胸のなかにおさめておくので、何か考えていることがあるなら教えてもらえないだろうか」

このような言い方ができると思います。

同じような意味で、「秘密は守るから」という言葉もありますが、こちらはおすすめできません。

「言いにくいこともあると思うけど、秘密は守るから。だから、何か考えていることがあるなら教えてもらえないだろうか」

いかがでしょう。

説明を強要しているようなニュアンスが生じますし、「秘密」と言った瞬間に、仲たがいなどと同じようにネガティブな空気が生まれますよね。秘密という言葉に付随するうしろめたさが浮かび上がってくる点も気になります。

「秘密なんてありません。別にうしろめたいことなんてしてませんから」

という反発を招くかもしれません。

もし言うのであれば、「ご事情」という言葉を使ってみましょう。

「何かご事情があるなら、僕の胸におさめておくので――」といったほうが、すんなり受け入れてもらえますよ。

6 残念な結果の伝え方

Q

　新作洋菓子の試作をしてもらったのですが、商品レベルとしてはおいしくありませんでした。ストレートに「まずい」と言うと相手にも悪いですし、かといって、「おいしい」とはとても言えません。どんなことに注意して伝えれば角が立たないでしょうか。

考える ポイント

- 評価する人、評価される人という区別はやめましょう。
- 客観的な数字を示しましょう。
- 改善提案は具体的に示しましょう。

回答&解説

×こんなことを言うとがっかりさせるかもしれませんが
×こちらの言い方がまずかったのかもしれませんが

いずれも不要な前置きです。相手は結果を知りたがっています。言いにくい気持ちがあると、ぐだぐだ余計なことを言うはめになりがちですが、自分の言いにくい気持ちより、相手の知りたい気持ちを優先させることが大切です。そもそも設問のようなケースで、なぜ言いづらいのかというと、私は評価する人、あなたは評価される人というとらえ方をしているからです。相手が社内の人であれ、社外の人であれ、ひとつのチームというスタンスで考えることが大切です。

×まずくて、評判がよくなかったです

率直に言ったほうがかえって後腐れがないと思う方もいるかもしれませんが、それは誤解です。「まずかった」「評判がよくなかった」というのは、相手の仕事を否定する言葉です。言われた相手

は、傷ついたり、カチンときたり、あるいは、やる気をなくしたりします。もちろん角が立ちますし、相手とのあいだに対立関係が生まれてしまいます。

フィードバックはよりよいものをつくるためにするものです。相手のさらなる意欲や具体的な行動を引き出す効果的な言い方をしたいものです。

○５点評価で、とてもおいしい（５点）、おいしい（４点）、ふつう（３点）、おいしくない（２点）、非常においしくない（１点）に分けてアンケートを取ったところ、今回は平均が２・７点という結果でした

たとえばこのように実際に集計した客観的なデータで示すかたちで伝えることがポイントです。

「男性50名、女性50名にアンケートを取りました。１００点満点で評価してもらった結果、平均58点でした」

「部内24名で投票した結果、19対５で再検討ということになりました」

など、客観的な数字で伝えれば、相手も客観的に受けとめやすくなります。

事実をして意見を語らしめる。これが、言いにくいことを言うという観点からすると大切です。

column

バッドニュースは限定的に伝えるのもポイント

前回につづき、今回も評価が低かったからといって、「今回の試作品も評価が低めでした」と言ったとしたらどうでしょう。相手はがっかりしたり、気落ちしてしまうかもしれませんよね。

それを防ぐためにも、「今回の試作品は――」「今回の試作品に限っては――」という言い方をして、今回のデータに絞って説明するとよいでしょう。バッドニュースは限定的に伝えるわけです。

修正点を伝えるときには、しかるべきビジョンを示すという観点から、より具体的な改善提案を示してあげると、相手も仕事がしやすくなります。

たとえば、アンケート結果を紙で示して、

「こちらのアンケートシートをご覧になってもらうとわかると思いますが、お客さまの声として、『硬さが気になる』が72パーセント、『柔らかい食感のほうが好き』が63パーセントとなっています。

したがいまして、次の試作品では食感に柔らかさを出してもらいたいと思っています」

このような言い方をすれば、相手も納得できますし、次に何をすればいいかが明確にわかります。

商品であれサービスであれ、どんなものでも常に改善改良の余地があります。ともに力を合わせ、いいものをつくっていくととらえ、フィードバックは、その内容がどのようなものであれ、的確に伝えましょう。

まとめ　言語化トレーニングで伝達力を身につけよう

コーチングをする際、相手のプライベートな部分についても、ある程度知っておいたほうがよいと思います。当然、プライバシーを尊重する必要はありますが、情報を持っていたほうが、相手に合ったコーチングができるからです。その場合、本人に直接話を聞く以外に、第三者から客観的な情報を得ることが効果的な場合もあります。複眼的にとらえることができますし、ひとりよがりな判断に陥るのを防ぐためです。

この章には、相手から聞き出しにくいことを聞き出したり、本音を聞き出すという項目を入れましたが、第三者に話を聞く場合は、「聞くことそのものが意味を持ってしまう」ということにも注意しましょう。

課長がAさんについての情報を得ようと同僚に話を聞こうとすると、「課長はAさんを問題視している」というメッセージが広まってしまうこともあるからです。

また、伝えにくいことを伝えるという意味で、この章では危機対応のケースも取り上げました。迅速かつ、次のアクションにどれだけ早く移れるかというのが、危機対応のすべてです。そう考えると、相手に何も言わないことやトラブル発生を隠すことが、もっともやってはいけないことだということがわかると思います。

恥ずかしい、申し訳ない、相手の困った顔を見たくないなどの気持ちが、迅速に伝えることの抑制要因になるとしたら、気持ちよりも責任を優先することが求められます。

また、状況を的確に伝えることも大事なポイントです。そのためには「描写力」を磨くとよいでしょう。目に入ったものを言語で描写しようとしても、じつはなかなかできないもの。おおざっぱに言うと言語脳は左で映像脳は右です。両者をつなぐトレーニングをやっている人は言葉もすっと出てきますが、ほとんどの人は「これなんて言うんだっけ?」と悩んでしまいます。私がおすすめしているのは、テレビを見ているとき、目に入った人を描写する方法です。その人をある事件の犯人だと想定し、目撃者として警察に通報するつもりで描写していきます。

「年齢50歳くらいの男性。紺色のスーツを着用。ワイシャツはブルーのストライプ入り。ネクタイはえんじ色、模様はなし。髪は短い。パーマはかけていない。右ほほにほくろがある。持っているものは……」

といった具合です。これは言語化ワークショップでも取り入れている方法です。つづけるうちにどんどん言葉の出かたが滑らかになっていきます。

第5章

成果の出ない人を「励ます」

励ますというと、真っ先に思い浮かぶのが「がんばれよ」「元気出せよ」といった言葉ではないでしょうか。これらの特徴は命令文ということ。おもしろいもので、文部省唱歌には、「こうなってほしい」という気持ちを命令文で表現したものが多数あります。「あめ　あめ　ふれ　ふれ　かあさんが」「みんなで　なかよく　たべに　こい」などがそうです。これらの唱歌は命令によって人を動かしていた時代の名残ともいえます。

コーチングが1990年代のアメリカでブレイクしたのは、命令では人は動かない、自発性を引き出さなければ人は動かないということをアメリカの社会が体験したからです。かたや日本では、90年代半ばから後半にかけて、ようやく広がりはじめました。

その頃の日本は、高度成長時代のイケイケどんどん（これも命令文ですね）という風潮が残像として残り、社会は変わっているにもかかわらず、マネジメントが時代に対応しきれていませんでした。マネジメントの現場でも命令文が使われ、通用していたのです。

いまはというと、若いマネジャーは命令文を使えず、驚くほど下手《したて》に出てお願いするというコミュニケーションが増えています。部下を叱れない若手上司が多いのです。

「元気を出せ！」と命令されたからといって元気にはなれません。「元気を出していただけませんか」と丁寧にお願いされて、「よし、わかった！」とパワーがみなぎるわけでもありません。励ますのにもポイントがあります。まずはそれを踏まえておきましょう。

①励ましとは相手のエネルギーレベルを上げること

なかには、「上司としての自分の評価を上げるために、部下を励ます」という人もいます。これは単なる自己満足。相手が励まされていることを実感し、エネルギーレベルが上がってこその励ましです。まずはその点を理解することが励ましの第一歩となります。

②相手に合った励まし言葉を使う

どんな言葉が響くかは、人によって異なります。Aさんにとってベストな励ましが、Bさんには通じません。Cさんにとっては逆効果ということもあり得ます。「人を見て法を説け」という言葉があります。相手に合わせてカスタマイズした励まし方が求められます。

③「いっしょに」の気持ちが伝わる表現を

励ます場合、「レッツ」の姿勢も大切です。ただしこれは、「いっしょに〜しよう」という言い方をしなくてはいけないという意味ではありません。上司と部下の関係であれば、同じチームの一員として、「いっしょに取り組んでいこう」というメッセージが伝わる表現をすることをさしています。

④視点をガラリと変える極論が効果的なケースも

抱えている問題でいっぱいいっぱいになっていたり、仕事に意欲的になれない人にとっては、「見方や考え方を変えるきっかけを与えること」が励まし効果を持ちます。コーチングでは、問題が解決したあとのビジョンをイメージさせるのが定石ですが、視点を変えるきっかけとして、ありえないことや極論を語ることが効果的な場合もあります。

⑤相手の状況や気持ちを的確に把握する

なぜ落ち込んでいるのか、なぜ行動を起こせないのか、なぜ意欲的になれないのか……。相手の置かれてる状況を知り、理解することも、励ますうえでは欠かせない要素です。相手の行動を観察することはもちろんのこと、日頃から相手を知る努力をすることも忘れないでください。

これらのポイントを踏まえ、この章では、上司と部下の関係をメインに、それぞれの場面でどのような励まし方が効果的なのか、考えていきましょう。

1 成果の出ない部下を励ます

Q

外回りの営業を精力的に行い、社員同士や訪問先での人間関係も良好な部下。でも、営業成績が伴いません。そのため他部門への異動の話も出ています。上司としてどのように励まし、さらなるやる気につなげればよいでしょうか。

考えるポイント

- 暗いイメージを植えつけないこと。
- 努力をねぎらい、長所を認め、新しい行動をプラスさせましょう。
- 質問で相手の意欲を引き出しましょう。

回答&解説

×このままだと異動させられるぞ

こうした暗いイメージの言葉を言うと、そのまま暗いイメージが頭のなかで映像化され、実際に業績が悪くなります。ほかの部に異動させられるなど、言葉通りになることもあるくらいです。これを私は「ネガティブイメージトレーニング」と呼んでいます。

恐怖感は足をすくませ、行動を停滞させ、新しい行動を起こしていくエネルギーを下げてしまいます。「異動させられるぞ」「飛ばされるぞ」など、悪魔の呪文のような言葉を言う必要はありません。

×焦らないでやれよ。努力は報われるからな

×得意先でも調子を合わせてるみたいだけど、無駄が多いんじゃないか

ひとつめの回答は無責任ですし、ふたつめは相手の素晴らしいところを否定しています。

精力的に営業を行っていること、訪問先との関係がよいことは、相手の長所です。長所を否定す

ると、相手はフットワークが重くなり、人間関係を結ばなくなり、孤立していきます。長所を否定していては営業成績など伸びるはずがありません。

○君はフットワークが軽いし、訪問件数も多い。本当にがんばっているね……

相手の自己肯定感やエネルギーを高めることが、真の意味での励ましです。

そのために必要なのは、①相手のこれまでの努力をねぎらう、②長所を認める、③いままでやっていない新しい行動をプラスすること。この３ステップでアプローチします。

「君はフットワークが軽いし、訪問件数も多い。本当にがんばっているね（①ねぎらい）。お客様と良好な人間関係をつくるのは達人ワザだ（②長所を認める）。

ただ、ぶっちゃけ数字がついていっていないのも事実。君自身、数字を伸ばすにはどうしたらいいと思う？（③新しい行動をプラス）」

このような言い方ができると思います。

「どうしたらいいと思う？」と尋ね、本人に新しい行動を考えさせることも大切です。相手のエネルギーを高め、自発性ややる気を促すことになるからです。

column

部下をその気にさせる営業コーチング

長所を承認したうえで、質問で相手から行動を引き出すのは、典型的なコーチングです。

当然ながら、「数字を伸ばすにはどうしたらいいと思う?」と尋ね、返ってくる答えはさまざま。その答えによって、上司としての対応も異なります。

「私は押しが弱いので、苦手なクロージングを何とかしたいです」という答えが返ってきたら?

「それなら私がお客さま役をやるから、クロージングトークのロールプレイをやってみよう。さっそくだけど、今日の午後2時から時間はあるかい?」

「商品知識を身につけることが大事だと思います」という答えが返ってきたら?

「ライバル企業とわが社の商品比較表をつくってみてくれないか。それぞれの商品の特徴をいっしょに勉強してみようじゃないか。で、いつまでに比較表をつくれるかな?」

このように、営業コーチングでは、何をいつまでにするか、行動の指針を具体的に示すことが大切です。具体的であればあるほど、相手は行動しやすく、達成もしやすくなります。

また、「いっしょに〜しよう」と声をかけることもポイントです。押しつけがましさがなく、部下もその気になってくれます。

2 あきらめが早い部下を励ます

Q

人当たりがよく、仕事にも積極的な部下。でも、仕事相手がちょっとでも難色を示すとすぐにあきらめてしまい、以降、再トライしようとしません。がんばってもらうには、どう励ませばよいでしょうか。

考える ポイント

・がんばりが成果につながらないことも理解しましょう。
・決めつけや押しつけに励ましの効果はありません。
・相手を観察したうえで、自分の認識や感情を伝えましょう。

回答&解説

×がんばれ。あきらめるな。努力は必ず成果につながるからな
×押しが弱いんだよ。A君みたいにガツンと行かないと
×ビビってるんじゃないのか。もっと粘れよ

どう励ましていいかわからないと、黙ってしまうか、「がんばれよ」「がんばれば結果がついてくるさ」といった常套句を使いたくなります。

励ましたい気持ちはわかります。でも、がんばれというだけでは効果が出にくい状況において、常套句はチープで無責任な発言でしかありません。

押しが弱い、ビビっていると決めつけ、「粘れ」という抽象的なアドバイスをするのも同じです。まったくもって励ましにはなりません。

また、比較も暴力です。「A君みたいにガツンと行かないと」など安易に言ってしまうこともあるかもしれません。注意しましょう。

○私には〜に見えたよ

「昨日同行営業したとき、君がもうちょっと押せば、お客さまは検討してくれたように、私には見えたよ。正直、もったいないなぁという気持ちになってね。私は、君の商品知識の豊富さや誠実さは相手に伝わると思っている。だから、相手の顔を見ないでまくしたてることがあってもいいんじゃないかと思うよ」

このように、「私には〜に見えた」「私は〜と思う」など、Ｉ《アイ》メッセージで伝えると、効果的に励ますことができます。

その場合のポイントはふたつ。

ひとつは、観察のうえで言うこと。右の回答では、同行営業をしたうえで思ったこと、感じたことを伝えています。このため、単なる印象で言っているのではないことが相手に伝わります。

ふたつめのポイントは、あくまでも自分の認識や感情を伝えること。

「おまえはあきらめが早いから」と決めつけたり、「〜しないといけない」と押しつければ、委縮や反発を招きます。でも、「私にはあきらめが早いように見えた」「私はもっと押していいように思った」というように、自分の認識や感想として伝えると、相手は受けとめやすくなるのです。

column

失敗を恐れる部下へのI《アイ》メッセージ

前ページの回答では、「相手の顔を見ないでまくしたてることがあってもいいんじゃないか」とアドバイスしています。一般的に、営業の教科書には、「まくしたてろ」とは書いてはありません。でも私は、それもアリだと思っています。相手を観察したうえで、明らかに有効なアプローチであると思うなら、その人に限定して踏み込んだ発言をするのはOKだと思うのです。

判断基準は、踏み込んだ発言をすることで、相手のエネルギーが高まるかどうか。「人を見て法を説け」という言葉があります。とくにマネジメントする立場にある人は、一般論にとらわれず、相手をよく観察し、そして理解し、柔軟に対応することが求められます。設例では、あきらめが早い部下が登場しましたが、あきらめが早い相手には、こんなIメッセージも効果的です。

「とことん自分をアピールして、これ以上できないってところまでやってノーと言われるのも、途中であきらめてノーと言われるのも同じこと。でも、イエスを引き出す確率は、とことんやってはじめて高くなるんじゃないかなあ。少なくとも私はそう思うよ」

なぜすぐにあきらめるのかというと、失敗を恐れているからです。全力を尽くして結果に結びつかなかったら大失敗になる。その前に手を引こうと考えてしまいます。そこで、Iメッセージで粘りの大切さを説くわけですね。

失敗を恐れる相手には、「未成功」という考え方を教えてあげるのもよい方法です。

相手に合った効果的なアプローチで、部下のエネルギーを高めましょう。

3　忙しさがピークのときに励ます

Q

店舗の開業準備も大詰め。おおむね完了しかけた段階で、本部の応援部隊から商品陳列の不備を指摘され、やり直しになってしまいました。明らかにふてくされている店員たちを励ますには、どうすればよいでしょうか。

考えるポイント

・やらされ感を高める言い方はダメ。
・体育会系のノリで勢いをつけましょう。
・ネガティブなこともポジティブにとらえなおして伝えましょう。

回答&解説

×本部の連中が細かい指示を出してきたので、悪いけど、やってください

本部を悪者にすると、被害者意識が助長され、やらされ感が高まります。そうでなくともやり直しと言われ、げんなりしているときに、上司から右のような言い方をされたのでは、意欲もエネルギーも低くなる一方です。

及び腰で接する場合も同じです。

「君たちがいっしょうけんめいやってくれているのはよくわかっているし、こんなことを言うと酷で申し訳ないんだけれども、もうちょっとがんばってもらえると、私としても助かるんだけれども……」

こんなふうにぐずぐず言われて、意欲が湧くはずがありません。

○いよいよみなさんの底力を見せていただくタイミングが来ました

○伝説を残すくらいの勢いで取り組みましょう！

すでに十分がんばっている人にさらにがんばれと言わなくてはいけない。上司自身にも「この段階でやり直しなんて言わないでくれよ」という気持ちがある。

これらがこのケースでの言いづらさの原因です。

そういった背景があるにせよ、アクションしなければいけない状況に変わりはありません。こういうときは力ワザ。体育会系のノリに切り替えてみましょう。

「開店まであと1日半になりました。商品陳列についてもさらにアピール力を高めるためにハードルが上がりました。いよいよみなさんの底力を見せていただくタイミングが来たわけです。ここは、『あのチームはあの時間でよくあそこまでの素晴らしい陳列を完成させた』と言われるような、伝説を残すくらいの勢いでやりきりましょう」

急な変更や要請を、アピール力を高めるために必要なこと、底力を見せるチャンスと、ポジティブにとらえているのもポイントです。言葉ばかりではなく、声のトーンや張りなども励ますときの大切な要素。ここは体育会系のノリで、ハキハキと切れのいい言い方を心がけましょう。

column

全体のエネルギーを高めると励まし効果アップ

３〜７人程度のチームの場合、気持ちを盛り上げるために、一体感を生み出すアプローチを行うのが効果的です。

たとえば、「みんな一緒に」「チーム一丸となって」といった、連帯意識が湧くキーワードを意識的に織り込むのが、分かりやすい方法のひとつです。チーム全体の気持ちが高まれば、ひとりひとりを個別に励ますより、短時間で、かつ大きなエネルギーを湧き出させることができるでしょう。

そのほか、円陣を組んだり、共通の目標をみんなで復唱するなど、「儀式」を決めるのも有効です。同じセリフ、同じ呼吸をすることで、仲間を認識し、連帯感を高めさせ、リズムを共有できるようにする効果があるためです。

また、「レッツ（〜しよう）」という表現を使うように日頃から意識し、共通の目的に一緒に取り組む関係をつくることも大切です。

ただし誤解してはいけないのは、「〜しよう」「〜しましょう」とさえ言えばよい、ということではありません。

あくまで、自分のなかでそうした「姿勢」を持ちつづけることが大事なのです。

もし「頑張れ！」「もうひと踏ん張りしてくれ！」といった言い方のほうがエンジンがかかりやすい、と感じる部下が相手なら、命令形で話しかけてもまったく問題はありません。

つまり、「この相手は、こう言えばエネルギーが上がる」とわかったら、その表現を使っていけばいい、ということです。

4

行動に踏み切れない部下を励ます

Q

責任感が強く、まわりからの信頼も厚い女性社員ですが、「君のためになるんだから」と何度すすめても昇格試験を受けません。やる気を起こさせるには、どう言って励ませばよいでしょうか。

考える ポイント

・試験勉強の大変さ、重みを理解してあげましょう。
・試験を受けない理由を聞いてみましょう。
・相手の性格に合った言い方をしましょう。

回答&解説

×試験に落ちても失うものなんてないんだから
×ダメもとで受けてみたら？

落ちたら失うものはありますし、資格試験や昇格試験は、ダメでもともと人が言うほど、軽く考えられるものではありません。

試験にはその人の人生がかかっています。試験勉強もしなければいけませんし、面接の練習も必要です。普段仕事をしているうえに、人によっては家事や子育てをしながら、勉強の時間をつくらなければなりません。

そうした事情や重みを理解せず、軽い言い方をするのは無神経です。

○あなたに続く女性社員のロールモデルになってほしい

責任感が強いのに昇格試験を受けないのは、やる気がないわけではないと思います。第一段階として、試験を受けない理由を聞いてみることが必要です。そのうえで、共感・評価の姿勢を示しましょう。

たとえば、「試験に合格したら風当たりが強くなるので受けたくない」というのであれば、このような対応ができます。

「なるほど、風当たりを心配しているのか。でも、いままでだって相当風当たりが強かったじゃないか。それでも君はリーダーシップを発揮していたよね。このあいだ取引先からクレームが入ったときも、ほかのメンバーに声をかけて、担当をうまくサポートしてくれてたよね」

このように、共感や評価を言語化すると、相手は聞く耳を持ってくれます。受けとる態勢ができるので、こちらの言いたいことが伝わりやすくなるのです。

また、責任感の強い人には責任感に訴えかけることもポイントです。

「『自分自身のために昇格試験を受けるわけではない。自分につづく女性社員のために試験を受けるんだ』って考えられないかな。部下たちを的確にサポートしてきた君だからこそ、後輩たちのロールモデルにならなきゃいけないんじゃないか。それができるのは君しかいないんだから」

相手の性格を思えば、「試験を受けるのは君のため」と言うよりも、このように言われたほうが心に響きます。

column

職場への遠慮から昇格試験を受けなかった女性の話

私も設例と同じ経験をしたことがあります。ある役所での話です。

非常に優秀ながら、管理職試験を受けたがらない女性係長がいました。

よくよく話を聞いてみると、受験を渋る理由のひとつに、現在の職場への遠慮があることがわかりました。

係長から課長補佐に上がれば、新たな職責へのチャレンジになります。でも、昇格すれば、確実に異動になり、いままで課のとりまとめ役をやっていたのに、抜けざるを得ない。それではいまの職場に申し訳ないと言うのです。

そこで私はこんなふうに言いました。

「たしかに、『あの課は係長でもっている』と言われているよね。でも、頼られすぎて、あなたが全部引き受けてきたってことはないかな。もしそうだとしたら、あなたが抜けることが部下たちを伸ばすチャンスになる。異動の前に、あなたなしでもまわる体制をつくっていくことが、残った人たちの能力を引き出すことになるんじゃないかな。後輩たちがあなたにつづこうと思うような、刺激を与えられるという観点からも、昇格試験、受けてみてはどうだろうか」

もともと使命感が強い彼女。その後、女性では最年少に近い年齢で昇格試験に合格。着実に昇進し、女性公務員のあらたな道筋を切り開いています。

5　取引先の人を励ます

Q

　取引先のAさんが会社の人間関係で悩んでいるという話を耳にしました。確かに最近笑顔がありません。元気づけたいのですが、取引先の社員同士という関係です。下心があるように思われても不本意です。どんな言い方をすればよいでしょうか。

考える ポイント

・月並みな表現は相手の心に届きません。
・視点を変えさせる言葉をかけてあげましょう。
・部外者だから言える極論で励ましましょう。

回答&解説

×人間辛抱ですよ

×「艱難汝《かんなんなんじ》を玉にす」ですよ

×つらいことがあっても、それがいつか役に立つ日が来ますすよ

×いろいろあるよね

どのような内容であれ、悩みごとはその人にとって非常に深刻です。その人の全人格をかけて考えているともいえます。にもかかわらず、右にあげたような月並みな言葉を言われたら、腹も立ちますし、「この人は私の気持ちをまったく理解していないんだな」と受けとめられてしまいます。それこそ、下心があるように思われるかもしれません。思いやりに欠けた陳腐な表現は、相手との心理的な距離を広げるだけです。言うほうの自己満足にすぎないことを踏まえておきましょう。

○いっそのこと、いっしょに会社でもつくりましょうよ

○社長になっちゃったらどうですか

このように、いままでの発想の枠を飛び越えさせるような言葉が効果的です。全人格をかけて悩んでいるからこそ、「いざとなれば極論の選択肢もある」ということを伝え、思いっきり視点を変えさせるのです。これをアウトオブボックスといいます。文字通り、箱から飛び出させるわけです。

相手が人間関係で悩んでいるのであれば、

「苦手な相手とは一生口をきかないってこともありなんじゃないですか」

「思い切って、部署を飛び出してみるのも手ですよね」

といった言い方もできます。

同じ部内の社員や同じプロジェクトのメンバーなど、自分といっしょに仕事をする相手であれば、具体的に励ますことができます。でも、相手が取引先や他部門所属となると、こちらは部外者。事情を詳しく把握しているわけではありませんし、関係性としても距離があります。

とはいえ、部外者だからこそ、極論は有益です。身近な人から言われると「他人事だと思って無責任なことを言うな」と反感を持つようなことでも、距離がある相手なら、謙虚になれたり、「外から見るとそんなふうに見えるんだろうなあ」と受けとめやすくなるからです。

column

大きな悩みを小さくする。あり得ない選択肢の効果

職業柄、私は前ページのようなシチュエーションでもコーチングしてしまいます。

「会社の状況が変わって大変ですよね。いまの仕事のやりやすさはどのような感じですか。いままでハードルが高くなるほど燃えたとか、やりにくさを感じたときに実力を発揮できたことってありませんか」

と、質問して相手に深く入り込んでいきます。

相手の話をよく聞き、具体的に答えを導き出すのが本間流です。ただし、それが不可能な場合には、月並みではない、極論を語ることでアプローチする方法が有効だと思っています。

こんなケースがありました。会社が吸収合併され、それまでとは違って、思うように商品開発ができなくなったと悩んでいる人がいました。取引先の人が見かねて彼を飲みに誘ったそうです。そこで話したのが、まさに極論でした。

「田舎に戻って、起業しちゃいませんか？　私も手伝いますよ」

「もし会社を興すとしたら、どんな会社にしますか？」

お酒の席ということもあり、話はかなり盛り上がったそうです。おそらく彼のなかには起業という発想はなかったと思います。いつもの枠のなかで考えて、にっちもさっちもいかない状態にあるときに、そういったあり得ない選択肢を提示されると、視点が変わり、大きな悩みが相対化されて小さなものに思えてきます。

そのときを境に、悩んでいた彼も前向きになれたそうです。いまでもその会社でバリバリ働き、成果を上げています。

まとめ　あいさつや、栄養ドリンク、チョコなどの差し入れも励ましになる

さらに効果的に励ますための実践ヒントを以下にまとめました。

タイミングを見極める…外出しようとしているときや会議が終わったばかりのときに呼びとめられ、励まされたとしたら、どう思うでしょうか。言わんとすることはわかったとしても、「なぜここで？」「なぜいま？」と疑問に思うほうが先に立つと思います。どんなに素晴らしい言葉を連ねたとしても、タイミングが悪ければ、受け取ってもらえません。

いっしょに落ち込んでみる…相手が落ち込んでいるのであれば、一時的にいっしょに落ち込んでみるのもひとつの方法です。たとえば、一回深いため息をついてみたり、相手の話を聞いたあとに「それは落ち込むなぁ」とがっかりした口調で共感します。これには相手との心理的な距離感を縮める効果があります。そのうえで、「大変だったね」と共感を示し、「レッツ」の気持ちでいっしょに取り組む姿勢を表現することがポイントです。

言葉以外で励ます…お菓子や栄養ドリンクを差し入れる、肩をポンと叩くなど、言葉以外の力を活用するのもおすすめです。言葉で百回「がんばろうよ！」と言うより、小さなチョコレート１個を「おいしいから食べて」と渡すほうが合理的な場合もあります。これ

らの行為は、「あなたには十分エネルギーがありますよ。だからまた元気よくやろうね」という思いのこもった励ましなのです。

励ます側のコンディションを整える…日頃から部下のエネルギーを高めるような言葉をかける。これも励ます行為のひとつです。それには、自分のコンディションを整えることと、自分をオープンにすることが必要です。元気のない人や心を閉ざしている人に励まされても、その言葉は心に響きません。とくに悩み事や相談は、話しにくい場合が多いもの。励ます側がオープンになり、自分から話しかけて気持ちを伝えれば、相手も「じつは私も……」と心を開きやすくなります。

あいさつで励ます…朝の「おはようございます」のあいさつは、「今朝もあなたに会えてよかった」「今日一日、あなたと仕事ができてうれしい」という気持ちを込めれば、相手の存在を承認するメッセージになります。つまり、励ましになるのです。その意味では、帰り際の「お疲れさま」も同じです。ここに「また明日！」を加えれば、より承認のメッセージが強くなります。お互いの「つながり感」も感じられ、相手のエネルギーレベルが上がります。

これらは日常でも使える励まし言葉。ぜひ活用してください。

第6章

感謝の気持ちを適切に伝える

「ありがとう」だけで終わらないために

日本人は感謝の気持ちを伝えるのが苦手だといわれます。理由のひとつには、感謝されたときに遠慮や自信のなさから、「人から感謝されるなんてとんでもない」と打ち消してしまったり、「下心があるのでは？」と猜疑心が働いてしまう人が多いからです。

また、単純に感謝の気持ちの伝え方がわからないという人も多いものです。考えてみてください。腰痛が治りかけているとき、友人に重い荷物を持ってもらったとしたら、あなたはどんな言葉で感謝の気持ちを伝えますか。

まず「ありがとう」という言葉が浮かぶと思います。問題はそのあとです。そのあとにどんな言葉をつづけるでしょうか。この質問をすると、ほとんどの人が何も言葉が浮かばないといいます。でもじつは、感謝の気持ちを伝えるには、「ありがとう」で終わらないことが大切なのです。言い方を換えれば、「ありがとう」以外の表現を身につけることが、感謝上手の近道なのです。

相手より優位に立ちたいと思っているがゆえに、感謝下手になっている人もいます。組織でいえば、部下に対してライバル意識を持つ上司も少なくはありません。いい意味でのライバル心であれば、それが刺激になり、成果や成長につながります。でも、部下をひがんだり、足を引っ張るようなら話は別です。

ライバル心があまりにも強く、部下の成長よりも自分を大事にする上司は、部下がいい成績を出すと、熱心にマネジメントができなくなり、部下の意欲をそぐような言動をはじめます。こういう人にとっては、部下に感謝するなどあり得ないこと。感謝すれば、自分は相手よりも劣っていることになりますし、負けを認めることになるからです。

これは、好きな人には感謝できても、嫌いな人には「ありがとう」の「あ」の字も言えないという人にも共通する心理です。

感謝の言葉を伝えることは、ほめる行為のひとつ。ほめることや感謝することのメリットを理解しましょう。

感謝することの好循環

感謝のメリットは数多くあります。

まず、感謝されれば、「自分は信頼されている。認められている」「この人は私のことをわかってくれている」と感じるもの。このため、相手は自信を深め、モチベーションが上がる、ミスが減る、感謝してくれた人に対する信頼感が高まるなど、ポジティブな変化が起きてきます。その結果、業績が上がり、さらに意欲が高まるという好循環が生まれます。

それだけではありません。感謝の気持ちを伝えると、感謝する側のエネルギーレベルが自然と上がってくるのです。言葉は、伝える相手よりも先に、発する自分が聞いています。感謝というポジティブな言葉は高いエネルギーを持つため、そのいい波動が、発言した人のなかに広がっていきます。グチばかり言っている人と感謝の言葉を頻繁に口にする人をくらべてみると、後者のほうがいきいきとしているのは、このためなのです。

また、感謝によって人間関係がよくなるということも忘れてはいけないポイントです。

この章では、感謝の気持ちを伝えることで、かつて仲が悪かった相手と関係を修復する例も取り上げています。感謝するという行為のダイナミックな効果がよくわかるケースだと思います。お詫びをしたり、励ましたりするのと同じで、感謝の気持ちを伝える場合も、それぞれのシチュエーションに適した表現方法があります。この章では、その場に何がふさわしく、何がふさわしくないのかを考えながら、「ありがとう」で終わらない感謝の伝え方を学んでいきましょう。

1 祝福に対して感謝する

Q

新プロジェクトの責任者に抜擢されて半年。目標を大幅に超える成果を出し、以前の上司などから「おめでとう」と声をかけられました。でも、「私ごときが……」と申し訳ない気持ちになってしまい、うまく言葉が返せません。

考えるポイント

- 成功に対する罪悪感は勘違い。その自覚を持ちましょう。
- 「おかげさまで――」というフレーズをベースにしてみましょう。
- 何に対して感謝しているのか。具体的に告げましょう。

回答&解説

×恐れ多いです

謙虚でなくてはいけないと思うと、「私ごときが恐れ多いです」といった発言をしがちです。でも、目標を超えたことは会社にとってプラスなこと。申し訳なく思う必要はありません。また、申し訳なさをにじませると、相手はこちらの感謝の気持ちを受け取りづらくなってしまいます。

成功に対する罪悪感は勘違いです。まずはその自覚を持つことが大切です。

△ありがとうございました

感謝を伝えるときには必要不可欠な言葉ですが、「ありがとうございました」だけでは殺風景です。

親身に相談に乗ってくれた上司から、「よくがんばったね」と言われ、「ありがとうございました」とだけ言った場合、その言葉が相談に乗ってくれたことに対する感謝なのか、「よくがんばったね」と言ってくれたことに対するものなのかが不明瞭です。

相手の立場でいうと、ただ漠然と感謝されただけで、心に残るものがありません。成功してうれしい気持ちは伝わりますが、逆に、それしか伝わらないのです。

○おかげさまで

「おかげさまで今回のプロジェクトでは成果を上げることができました」

このフレーズのポイントは、変に謙遜せず、浮き足立たずに、相手を立てているところです。自分の成功に対して感謝を伝えるときは、この言い方が基本となります。

これは親しくない相手にも使えるフレーズです。顔と名前を知っている程度の関係であっても、「おかげさまで――」と応じれば、相手も悪い気はしません。また、「□□部長のおかげで」と固有名詞を入れたほうが、言われた相手に感謝の気持ちが伝わります。

実際にお世話になった相手であれば、より具体的な内容も盛り込むとよいでしょう。

「半年前、□□部長が言ってくださった『おまえならきっとできる』という言葉に背中を押され、プロジェクトの責任者を引き受けました。あのときはありがとうございました」

こんなふうに言えば、根拠のある感謝になり、相手の心にも響きます。

column

「課長のおかげで1位を取れました!」が禁句な場面も

日本には謙遜や遠慮が美徳という価値観があります。確かにへりくだるのは大事です。でも、自虐的な発言は、なんとなくいやらしい感じがしませんか。

「私ごときが責任者だなんて、そんな器じゃなかったんですが……」

このように言ったとしたらどうでしょう。俯瞰してみれば、会社の評価・判断を否定していることになります。人事権のない人が、へりくだると見せかけて、このような発言をするのは僭越だと思います。

また、祝福への感謝を述べるときは、はしゃがないことも大切です。

課長がプレイングマネージャーで、部下と同じように営業活動をしている組織で、部下が成績1位を取りました。そのとき、「課長のおかげで1位を取れました!」と喜び勇んで言ったとしたらどうでしょう。

課長は内心、「フン。俺はどうせ4位だよ」とひがみっぽく思うかもしれませんよね。

自分が成功したとなれば兎にも角にもうれしいものですが、はしゃがず、騒がず、また、変に遠慮せず。真摯に感謝の気持ちを伝えることが大切です。

2 的確なフォローを感謝する

Q

大口の新規取引先の担当を任されましたが、下請け会社からの苦情対応に追われ、ろくに営業活動ができませんでした。そんなとき、同僚のＡ君がフォローしてくれてとても助かりました。どんな言い方で感謝の気持ちを伝えればよいでしょうか。

考えるポイント

- 相手の気持ちを中心に考えましょう。
- 助かったという安堵感に酔うのはＮＧ。
- フォローの価値を高める言い方をしましょう。

回答&解説

×あそこまでやってもらわなくてもよかったんだけどねぇ
×手伝ってもらって悪かったねぇ

よく言えば遠慮ですが、感謝の気持ちが薄れてしまう発言です。「助けてもらうことが本意ではなかった」という負け惜しみ感や、くやしい気持ちが感じられるからです。そういったネガティブな感情が入ると感謝の気持ちが濁ってしまいます。余計な遠慮やネガティブな気持ちはわきに置いて、的確なフォローをしてくれた相手の気持ちを中心に考えることが大切です。

△いやぁ、助かったよ
△ご苦労さま

声のトーンや言い方にもよりますが、いずれも上から目線な言い方で、ふんぞり返ってお辞儀をしているような印象を受けます。とくに「いやぁ、助かったよ」という言葉は、フォローしてくれた事実を軽視しているように聞こえます。助かったという安堵感とうれしさに酔ってしまっているのです。もしそのフォローがなければ、大変な事態に陥っていた――。そんな場面であれば、なおさらこの言い方はふさわしくありません。

○助かりました
○もし～でなかったらと想像すると恐ろしいです
◎助け舟を出していただいて（お力添えをいただき）、感謝します

この3つのフレーズを組み合わせて使うと、感謝の気持ちに厚みが出ます。「助かりました」という事実を告げ、「もし～でなかったらと想像すると――」という言葉で相手のフォローの価値を伝え、そして感謝の言葉を添える言い方です。

「あのときはいっぱいいっぱいだったけれど、A君が『営業資料は揃えたから、僕が代わりに新規顧客にあいさつしてくるよ』と言ってくれて、助かったよ。もしあのまま新規取引先に顔を出さないでいたらと想像すると本当に恐ろしい。助け舟を出してもらって、感謝しているよ。ありがとう」

こんな言い方ができると思います。どんなフォローに対して感謝しているのか。具体的に言うこともポイントです。そのほうが感謝の気持ちがよりリアルに伝わります。

column

もしあなたが失言をした政治家だったら?

政治の世界でフォロー役といえば、内閣官房長官ではないでしょうか。

他の閣僚の失言について詰問されても、声を荒らげず、冷静に的確に対処する姿を目にすると、「フォローの名手」と呼びたくなります。

そんなフォローの名手に、どのような言葉で感謝の気持ちを表せばよいでしょうか。

失言をした大臣になったつもりで考えてください。あなたの失言を官房長官がうま～くフォローしてくれたとしたら、どのようなお礼を言いますか。

「言葉足らずなところを補っていただいて、感謝いたします」

「意を尽くせなかったところを汲んでいただいて、心より感謝申し上げます」

このような言い方ができると思います。

「言葉足らずなところを」「意を尽くせなかったところを」などは、こちらの落ち度を丁寧に言い表す言葉です。知っておいて損はありません。

ただ、こうしたフレーズも口になじんでいないと、いざというときに出てきません。練習しておくことをおすすめします。

3 心づかいに感謝する

Q

取引先のホームパーティに招かれました。料理や飲み物、部屋の装飾などにも細やかな心づかいが感じられ、感動しました。失礼のないように感謝の気持ちを伝えたいのですが、どのように言えばよいでしょうか。

考えるポイント

- 相手の「もてなしたい気持ち」を尊重しましょう。
- 「準備が大変だったのでは」はグレーゾーンです。
- ほめ言葉を活用しましょう。

回答&解説

×散財させてしまいましたね

日本人らしい奥ゆかしい言い方ですが、言われたほうは「いっしょに楽しい時間を過ごしたかっただけなのに、それを散財だなんて……。そんなつもりはなかったのに」と気分を害するかもしれません。ホームパーティを開けば確かにお金はかかります。でも、充実した時間を過ごすことができれば、有意義な出費です。それを散財と呼ぶのはかえって失礼です。相手の「もてないしたい」という気持ちを尊重することが大切です。

△（準備が）大変だったのではないですか

場合によって○にも×にもなる言い方なので△にしました。
○になるのは、女性同士の場合など、ホームパーティの準備がいかに大変かがわかり合えるような間柄のケースです。「大変だったのでは」という言葉は相手の苦労をねぎらう言葉になります。

ホームパーティ以外の場面でいうと、同じ趣味を持っている者同士、同じ境遇の者同士など、共感し合える間柄なら○です。

そうでない場合は総じて×だと思ってください。「わかりもしないくせに」と違和感を持たれるのが関の山です。

◎行き届いたお心づかいに感謝します

心づかいというのは、プレゼントやサービス、行動などに表れます。逆にいうと、そういったものの奥にまごころがあります。

そのまごころをきちんと受けとめ、感謝していることを伝えるには、「きめ細やかなサービス」「行き届いたお心づかい」「素晴らしいお料理」といったほめ言葉を用いるとよいでしょう。

散財といった言葉を使わないためにも、「こめられた気持ちに対しては言葉で感謝し、それ以外は言葉以外のものでお返しをする」と考えるのもよい方法です。

たとえば、相手が費やしてくれたお金や時間に対しては言葉では言わず、別の機会に食事をご馳走するなどの方法でお返しをします。

このほうが、お互いに気持ちよく接することができるのではないでしょうか。

column

感謝にカッコいい言葉は不要

感謝の気持ちを伝える際に、ほめ言葉を用いるのはたいへん効果的です。

単に「ありがとうございます」と伝えるのではなく、感動したこと、素晴らしいと思ったこと、相手の優れた点などを、ほめ言葉として添えることで、感謝の気持ちがより強く相手に伝わります。

とはいえ、ほめ言葉に、美辞麗句は必要ありません。凝った表現も、長いセンテンスもいりません。さらに、「素敵な言い方」をしようと考えすぎるのは危険です。

「かっこいいほめ言葉を使おう」と思うあまり、「自分をよく見せたい」気持ちが「ほめたい」気持ちを上回ってしまい、相手への感謝の気持ちが伝わりにくくなってしまうのです。

印象的でかっこいい言葉を考えること自体は悪いことではありませんが、ほめるなら、純粋に相手を賞賛することを第一に考えたいものです。

また、取引先の社長や、目上の相手に対して感謝する際にはとくに、礼儀をわきまえ、敬意を払う姿勢が必要です。

敬意を示す方法は、大きく、「言葉による敬意」と「態度や表情による敬意」とに分類されます。態度や表情による敬意の示し方として、もっとも基本的なものが「お辞儀」「あいさつ」です。

言葉による敬意の示し方として、もっとも大切なことは、相手の優れたところ、素晴らしいところにきちんと着眼し、それを伝えるということです。そのためにも、普段から「観察」する習慣を持ち、言葉に表す訓練を心がけることが大切です。

4 トラブル対応に感謝する

Q

責任者の私が不在のとき、現場で事故が起きました。でも、部下が迅速に対応し、初期処置もよかったので、ケガをした人も軽症で済みました。部下に感謝する場合、どのようなことに注意すればよいでしょうか。

考える ポイント

- 「この程度でよかった」「不幸中の幸い」は絶対に言わないこと。
- 「迅速な」「的確な」などの枕詞を活用しましょう。
- 感謝は相手のモチベーションを高めるということを理解しましょう。

回答&解説

×この程度でよかった
×不幸中の幸いだったね

いずれもデリカシーのない発言です。相手の対応を軽視する言い方ともいえます。

本人にとっては「この程度」ではないかもしれませんし、「不幸中の幸い」ではないかもしれません。設問では部下はケガを負ったわけではありませんが、「この程度って言うけど、こっちは骨折してるんだぞ！」というケースもあります。

必死に対応してくれた人に対して、また、苦しんだり悲しんでいる人がいるときに言う言葉ではありません。

△おかげで事故を未然に防ぐことができました
△大ごとにならずに済みました

もしトラブルを防げなかったら、もっと深刻な事態になっていた。あるいは、大惨事になっていた――。

そのようなときには、右のような言い方で感謝の気持ちを表すとよいでしょう。

もちろんこれらは状況次第です。事故を未然に防げなかった場合や、すでに大ごとになっている場合には、ふさわしくないフレーズです。

○迅速な対応に感謝します
○的確な行動をとってくれたおかげで、助かりました

「君が迅速に判断し、的確に行動してくれたおかげで、本当に助かったよ。ありがとう」

このような言い方ができると思います。

「迅速な」「的確な」などの枕詞をつけて感謝すると、相手の行いを評価するという意味がプラスされます。

事故以外の場面では、「的を射たアドバイス」「速やかな連絡」「チーム一丸となってのご協力」などの言い方が参考になるのではないでしょうか。

column

「不幸中の幸い」という言葉は自己中心的

東日本大震災が起きたとき、「被害がこの程度でおさまったのは不幸中の幸いでした」という発言が聞かれました。

これは絶対に言ってはいけない言葉です。

その人が本来言いたかったことは、「たとえばもし真夜中に起きていたとしたら、さらに大きな被害が出ていただろう」ということだと思います。これなら言っても問題はありませんが、「この程度で」「不幸中の幸い」という言葉はやはり不適切です。

同じ発言でも、たとえばケガをした本人が「この程度のケガで済んで不幸中の幸いでした」というのであれば、それは問題ありません。ケガをしたことをポジティブにとらえようとしているだけですし、誰かを傷つける発言ではないからです。

災害や事故などのトラブルが起きたときはとくに、「自分を中心に考えるのではなく、もっとも大きな影響を受けた人の立場に立って考え、話す」ことが大切です。

全体を見た人にとっては、もっとひどい場面を目にしているので、「この程度」というのが本音ということもあるでしょう。それでも言ってはいけません。

コミュニケーションは相手との良好な関係を築くためのもの。相手の感情を害しては、元も子もありません。

5 仲が悪かった人に感謝する

Q

異動になり、以前、仲が悪かった上司と組んで仕事をすることになりました。何も言わないのも居心地が悪いですし、以前の自分は未熟だったという自覚があるので、挨拶をしておきたいのですが、どのように言えばよいでしょうか。

考える ポイント

- このような場面でも感謝のコミュニケーションは効果的です。
- 仲が悪かったことにフォーカスしてはダメ。
- 自分の未熟さに焦点を当てて感謝の気持ちを伝えましょう。

回答&解説

×あの頃、部長のこと大嫌いだったんです
×あの当時は理屈っぽい人がどうも苦手で……

過去を清算したいとはいえ、右の回答のように、仲が悪かったことやネガティブな感情にわざわざフォーカスする必要はありません。

人間の脳は過去や現在といった時間を意識することができません。「あの頃は」と言われたとしても、「いま嫌われている」「いま批判されている」ととらえてしまいます。

せめて「苦手だったんです」とか、「部長の前に出ると縮み上がっていたものですが」と、婉曲にするのが望ましい表現です。

もし正直に、「大嫌いだったんです」と言うのであれば（あるいは、言ってしまったのであれば）、「いまは、大、大、大、大、大好きです！」くらい力を入れてリカバリーショットを打たないとバランスは取れません。

○いまになってみると……
○振り返ってみると……
○あのころは若気の至りで……

設問のような場合にも、感謝のコミュニケーションは非常に効果的です。感謝することで、あらたに良好な関係を築いていくことができます。

何に感謝するのかというと、過去の助言や指導に対してです。

その際、仲が悪かったことではなく、自分の未熟さに焦点を当てることが大きなポイントです。そうすれば、相手を批判することにはなりませんし、感謝の気持ちが伝わります。

言い方としては、当時を振り返って、具体的に述懐するとよいでしょう。

「□□部長、以前ごいっしょしたときは、私も若気の至りで素直になれず、部長もずいぶん手を焼いたのではないかと思います。あとあとになって、部長からいただいたアドバイスの大切さを痛感しました。今度ごいっしょできるようになって、あいつも成長したなあと言っていただけるようにがんばりたいと思います。またご指導よろしくお願いします」

このような言い方ができれば、部長も気持ちよく接してくれるのではないでしょうか。

column

犬猿の仲でも一点感謝主義で「ありがとう」を伝えよう

仲が悪い人に「ありがとう」とは言いづらいもの。原因のひとつは、「相手のすべてに感謝しなければいけない」という思い込みにあります。

関係性として90％が黒（嫌い）、10％が白（まあまあ認められる）だとするなら、10％に焦点を当てて感謝すればOKです。何も相手のすべてに感謝する必要はありません。

たった一度、とても役に立つアドバイスをしてくれたのであれば、「あの助言は本当にありがたかった！」と言う分には事実。素直に言えますし、本気で言えますよね。これで十分なのです。

人間の脳は部分と全体の区別もつきません。部分に対する感謝でも、全体に対する感謝だと受けとめます。なので、ここは一点感謝主義で。ウソをついてまで感謝するのではなく、ピンポイントで真実に対して感謝しましょう。

これに限らず、誰にでも思い込みがあるものですが、「すべての人と仲良くしなくてはいけない」というのも、そのひとつです。

でも、すべての人と仲良くなるのは無理なこと。会社組織でも、ミニマムな関係が機能していればOKで、社員全員と絵に描いたような麗しい関係でなくてもよいと思います。

苦手な人がいるということは人間として自然なこと。「苦手な人がいてもいいよ」と自分を許してあげれば、もっともっと生きやすくなりますよ。

まとめ　「ありがとう」で終わらない針小棒大の感謝術

グルメレポーターは「ダシが効いてますね」「歯ごたえいいですね」「日本酒に合いそうですね」など、おいしさを表す言葉をたくさん持っています。それだけに、料理のおいしさが伝わってきて、私たちはまたその人のレポートを見たくなるのです。

感謝についても同じです。「ありがとう」のワンパターンではありきたりですし、感謝の気持ちを伝えることのメリットを思えば、もったいないことでもあります。

語彙力は大事。感謝の言葉についても、語彙を増やすトレーニングを日頃から実践することをおすすめします。

誰かが親切にされている場面に遭遇したら、自分はどんなふうに感謝の言葉を伝えるか考えてみる。テレビを見ながら、「いま画面に映っている人にもし感謝するとしたら」と想像してみる。あなたのまわりにコミュニケーション能力の高い人がいれば、その人がどんな感謝の仕方をしているか観察してみる。

こんなふうに、日常のさまざまな機会を活用してみてください。

感謝が下手な人は、ボールペンを貸してくれた相手に対して、「ボールペンを借りちゃってごめんね」と、とかくお詫びを言いがちです。これでは感謝にはなりません。

迷惑をかけたという気持ちよりも、相手のしてくれた好意に光を当てることも、感謝する際のポイントのひとつです。相手の好意の価値を認めること。それが感謝ともいえます。

その観点からいうと、感謝をするときには、事実に焦点を当てるよりも、その事実がもたらした影響や効果を大きめに伝えると効果的です。

ボールペンを貸してくれた相手に、「ボールペンを貸してくれてありがとう」とだけ言うのではなく、

「ボールペンを貸してくれてありがとう。ちょうど急いでメモを取らないといけないところだったから助かったよ。君がいなければ、大事な要件をメモしそこねるところだったよ。もしそんなことになっていたら、今頃僕は始末書を書いていたかもしれない。今こうやって気持ちよく話せているのは、まさに君のおかげだ。ありがとう。本当に感謝しているよ」

と、その行為がもたらしたいい影響を膨らませて伝えるのです。

いい意味での針小棒大。こうすれば、「私はあなたの好意の価値を認めています」というメッセージにもなりますし、感謝された側の心にも届き、響きます。

本間正人（ほんま・まさと）
京都造形芸術大学教授、NPO学習学協会代表理事、NPOハロードリーム実行委員会理事。
東京大学文学部卒業、ミネソタ大学から成人教育学博士（Ph.D.）取得。企業研修講師のほか、NHK教育テレビ『3か月トピック英会話』講師（2012年）などを務める。教育学を超える「学習学」の提唱者として、個人の可能性を引き出すコーチングやファシリテーション、キャリア教育、グローバル人材育成など、幅広いテーマで活躍中。『コーチング入門※』『セルフ・コーチング入門※』『グループ・コーチング入門』『クイズで学ぶ コーチング』（日経文庫）、『今すぐできる！ 英語deコーチング』（日本経済新聞出版社）、『［決定版］ほめ言葉ハンドブック※』（PHP研究所）、『人間関係がカイゼンする ほめ方しかり方盛り上げ方200』（KKロングセラーズ）ほか著書多数。（※は共著）
http://www.learnology.co.jp/

日経文庫1320
言いづらいことの伝え方

2014年9月12日　1版1刷

著　者　本 間 正 人
発行者　斎 藤 修 一
発行所　日本経済新聞出版社

http://www.nikkeibook.com/
東京都千代田区大手町1-3-7　郵便番号100-8066
電話　(03) 3270-0251 (代)

装幀　内山尚孝（next door design）
組版　タクトシステム　印刷・製本　三松堂

ISBN978-4-532-11320-9